Ombre Oscure: Storie di Crimini Veri

Muska Ayir

Published by pinky, 2024.

While every precaution has been taken in the preparation of this book, the publisher assumes no responsibility for errors or omissions, or for damages resulting from the use of the information contained herein.

OMBRE OSCURE: STORIE DI CRIMINI VERI

First edition. October 6, 2024.

Copyright © 2024 Muska Ayir.

ISBN: 979-8227797988

Written by Muska Ayir.

Sommario

Prefazione

L'umanità ha sempre avuto un'attrazione morbosa per i crimini misteriosi e le menti oscure che li commettono. Le vicende criminali vere, cariche di suspense e colpi di scena, continuano a intrigare, sconvolgere e affascinare il pubblico in tutto il mondo. È in questa scia di interesse che nasce "Ombre Oscure: Storie di Crimini Veri", un libro che raccoglie alcune delle storie più sconvolgenti, inquietanti e incredibili di crimini realmente accaduti.

Questo libro è stato scritto per coloro che sono affascinati dalle profondità della psiche umana, dalle dinamiche che portano individui comuni a compiere atti indicibili e dal mistero che avvolge le loro azioni. La nostra società è spesso caratterizzata dalla linea sottile che separa il bene dal male, e questo confine sfumato si riflette nelle vite e nelle decisioni di queste figure sinistre che abbiamo scelto di raccontare.

I crimini qui narrati non sono semplici racconti di efferatezze o violenze. Ogni storia rappresenta un'immersione nelle menti dei protagonisti, cercando di capire non solo il "come" e il "quando", ma soprattutto il "perché". Perché individui come Richard Ramirez, il "Cacciatore della Notte", si abbandonano a una furia omicida? Cosa spinge un giudice rispettato come Mariel Suarez a compromettere la sua carriera per un detenuto pericoloso come Cristian Bustos? E cosa porta un genio della finanza come Bernie Madoff a truffare migliaia di persone, distruggendo vite e sogni?

Queste storie esplorano l'oscuro desiderio di potere, controllo, e vendetta. Ogni capitolo ci offre un ritratto vivido e dettagliato dei protagonisti, esaminando le loro personalità, i loro conflitti interiori e le circostanze che li hanno portati a commettere atti così estremi. Si tratta di crimini che hanno sconvolto intere nazioni, lasciando dietro di sé una scia di dolore, confusione e domande irrisolte.

Perché leggere questo libro?

In un mondo in cui le cronache nere occupano sempre più spazio nei media, "Ombre Oscure" rappresenta una raccolta curata e riflessiva delle storie più emblematiche di crimini veri. È un viaggio che non si limita a raccontare i fatti, ma che si propone di analizzarli, di riflettere sui contesti sociali, culturali e psicologici in cui questi crimini sono nati e si sono sviluppati. Non è un semplice elenco di atrocità, ma un'esplorazione del lato oscuro dell'essere umano.

Il lettore verrà portato attraverso storie che vanno dall'efferatezza di Gary Ridgway, il "Green River Killer", capace di uccidere più di 70 donne, alla freddezza calcolatrice di Charles Manson, il carismatico leader di una setta che seminò terrore negli Stati Uniti con omicidi spietati. Ogni storia è presentata con attenzione ai dettagli, con l'obiettivo di svelare non solo il crimine in sé, ma anche l'atmosfera che lo circonda, le paure che ha generato e le reazioni della società.

Un altro aspetto centrale del libro è la riflessione su come la giustizia, la legge e l'etica interagiscono con questi crimini. Nel caso di Kevin Lewis, che ha complottato per uccidere sua moglie e ha finito per uccidere la cognata, ci si interroga su cosa accada quando l'avidità e la manipolazione mentale superano l'amore e i legami familiari. Allo stesso modo, la storia di Donald Grant, che ha ucciso per liberare la sua fidanzata dalla prigione, mette in evidenza quanto possano essere distorti i concetti di lealtà e devozione.

Il lettore avrà modo di riflettere su quanto la mente umana possa essere contorta e su come il male possa manifestarsi in molte forme. Ogni storia è un puzzle complesso di emozioni, motivazioni e segreti che si svelano pagina dopo pagina, portando il lettore a confrontarsi con domande difficili sulla natura umana e sui confini tra bene e male.

"Ombre Oscure" non è un libro per i deboli di cuore. È un libro che sfida, che provoca, che induce il lettore a mettere in discussione le proprie certezze sul concetto di giustizia, di moralità e di umanità. In un mondo in cui il crimine spesso viene romanticizzato o banalizzato, questo libro ci ricorda quanto possano essere reali e devastanti le conseguenze di queste storie di vita vera.

Concludendo, chi si avventura tra queste pagine troverà non solo racconti di crimini raccapriccianti, ma anche una profonda esplorazione dell'animo umano, dei suoi lati più oscuri, e delle forze che possono spingere qualcuno a compiere l'impensabile. Buona lettura, e ricordate: dietro ogni crimine, c'è una storia molto più complessa di quanto appaia a prima vista.

— Autore

1. Il Mostro di Burbank

Edmund Kemper, un nome che evoca orrore e incredulità. Nato il 18 dicembre 1948 a Burbank, California, Kemper è diventato famoso per i suoi crimini brutali e ripugnanti. Questa è la storia di un serial killer che ha attraversato ogni limite di crudeltà e malvagità, un uomo che ha vissuto una vita di conflitti mentali, solitudine e violenza. I suoi atti di violenza hanno sconvolto il mondo, lasciando una scia di sangue e terrore nella California degli anni '70.

Edmund aveva un'infanzia difficile, segnata da una relazione tossica con la madre, Clarnell, una donna dominatrice e alcolista. Fin dalla tenera età, Edmund dimostrava comportamenti inquietanti. A soli sei anni, iniziò a mostrare crudeltà verso gli animali, un segnale che qualcosa dentro di lui non andava. A dieci anni, seppellì vivo il suo gatto e, una volta morto, lo decapitò, inchiodando la testa al tronco di un albero. Guardava le ragazze di nascosto dalle finestre, un atto che tradiva la sua crescente ossessione per il controllo e la dominazione.

Il padre di Edmund era l'unico rifugio di affetto per lui, ma la separazione dei genitori nel 1957 distrusse quel legame. La madre, Clarnell, lo costrinse a vivere in una cantina, temendo che potesse far del male alle sue sorelle. Edmund, già molto alto per la sua età, veniva deriso e umiliato per il suo aspetto fisico, alimentando un odio profondo verso le donne, specialmente verso sua madre, che lo insultava dicendogli che nessuna donna lo avrebbe mai amato.

A quindici anni, Edmund venne mandato a vivere con i nonni paterni. Fu lì che, il 27 agosto 1964, il giovane Kemper commise il suo primo omicidio. Sparò alla nonna con un fucile, colpendola alla testa. Quando il nonno tornò a casa, Edmund lo uccise subito dopo. Chiamò la madre e poi la polizia, confessando tranquillamente il crimine. "Volevo solo vedere cosa si provava a uccidere qualcuno", disse, con una freddezza che gelò il sangue degli investigatori.

Dopo l'omicidio dei nonni, fu diagnosticato come schizofrenico paranoide e internato in un ospedale psichiatrico. Ma lì, grazie alla sua intelligenza e al suo comportamento docile, riuscì a convincere i medici della sua riabilitazione e venne rilasciato all'età di ventuno anni. Tornò a vivere con sua madre, e il loro rapporto tossico peggiorò ulteriormente.

Negli anni successivi, Edmund iniziò a sviluppare una doppia vita. Di giorno era un tranquillo lavoratore, sperando addirittura di entrare nelle forze dell'ordine, ma a causa della sua altezza - ormai 2,06 metri - venne rifiutato. Di notte, invece, pianificava e eseguiva i suoi crimini. Acquistò una Ford Galaxy e iniziò a dare passaggi a giovani autostoppiste. Presto, però, le sue fantasie malate si trasformarono in una realtà orribile.

Tra il 1972 e il 1973, Edmund uccise otto donne, per lo più studentesse universitarie. Le attirava nel suo veicolo con la promessa di un passaggio, le portava in luoghi isolati, e lì le violentava e uccideva. I suoi metodi erano brutali: strangolava, accoltellava, o sparava alle sue vittime, per poi portare i corpi a casa sua. Lì, commetteva atti necrofili e, in alcuni casi, smembrava i corpi.

Una delle sue prime vittime furono Mary Ann Pesce e Anita Luchessa, entrambe di 18 anni. Le due ragazze accettarono un passaggio da Edmund mentre cercavano di raggiungere Stanford. Dopo averle portate in una zona boschiva, Edmund le legò, le violentò e le uccise. Poi portò i loro corpi a casa sua, dove li fotografò e commise atti indicibili con i cadaveri prima di smembrarli.

Nonostante la sua vita apparentemente normale, Edmund era tormentato da demoni interiori. Ogni omicidio sembrava aumentare il suo odio verso la madre, il vero bersaglio della sua furia. Questo odio culminò il 20 aprile 1973, quando decise di mettere fine alla vita di Clarnell. Quella sera, dopo una discussione telefonica, attese che sua madre si addormentasse, e poi le tagliò la gola. Non si fermò lì: decapitò il corpo e ne mutilò la testa, urlandole contro per ore, lanciando freccette sulla sua faccia e colpendola con un martello. "Era giusto per lei", disse più tardi, senza un briciolo di rimorso. Dopo l'omicidio della madre, Edmund uccise anche una delle sue migliori amiche, Sarah Hallett, strangolandola.

Dopo questi ultimi omicidi, Edmund fuggì in Colorado, ma la sua fuga fu breve. Non sentendo alcuna notizia in televisione riguardo i suoi crimini, chiamò la polizia e confessò tutto. Stranamente, i poliziotti inizialmente non lo presero sul serio, ma dopo ulteriori chiamate, venne finalmente arrestato.

Durante il processo, Edmund si dichiarò colpevole. I periti psichiatrici confermarono la sua sanità mentale, nonostante avesse mostrato segni di schizofrenia paranoide in gioventù. Venne condannato a otto ergastoli consecutivi. Durante gli interrogatori, Edmund rivelò dettagli inquietanti sui suoi crimini, come il fatto di aver cucinato e mangiato carne delle sue vittime. "Era inutile", disse in un'intervista, parlando della sua sete di violenza. "Emotivamente, non riuscivo più a gestirlo. Mi sentivo esausto, vicino al crollo."

Edmund Kemper è ancora vivo e sta scontando la sua pena in un carcere della California. Oggi, all'età di 73 anni, è un uomo anziano, ma la sua storia continua a terrorizzare chiunque la ascolti.

2. Il Mostro di Ohio

Jeffrey Lionel Dahmer, con il suo viso innocente e il suo sorriso tranquillo, nascondeva un abisso di orrore. Nato il 21 maggio 1960 in Wisconsin, USA, Dahmer è cresciuto in una famiglia travagliata. Fin da giovane, l'abuso di alcol e droghe lo rese una persona solitaria e arrabbiata. I suoi comportamenti strani e inquietanti spinsero la sua famiglia ad allontanarlo, isolandolo ancora di più. Ma la solitudine di Dahmer era solo l'inizio di una spirale oscura che avrebbe scosso l'America fino al suo nucleo.

Dahmer ha seminato il terrore nell'Ohio tra il 1978 e il 1991. In questi tredici anni, ha ucciso diciassette persone, tutte uomini. La brutalità dei suoi crimini era oltre ogni immaginazione: torturava le sue vittime, le uccideva con ferocia, e successivamente profanava i loro corpi in modi orribili. Non si accontentava di semplici omicidi; Dahmer praticava la necrofilia, mutilava i corpi e, come se non bastasse, ne mangiava alcune parti.

La sua ossessione per il controllo e il dominio sugli altri lo portò a utilizzare metodi disgustosi per soddisfare i suoi desideri malati. Non c'era traccia di umanità nelle sue azioni, e i suoi crimini rappresentavano il livello massimo di disumanità. Uccideva non solo per sadico piacere, ma anche per il desiderio di possedere le sue vittime, anche nella morte.

Il primo omicidio di Dahmer avvenne nel giugno 1978, quando invitò Steven Hicks, un giovane di diciotto anni, a bere con lui nella casa del padre. Dahmer, ossessionato dalle sue pulsioni omosessuali, lo colpì alla testa quando Steven tentò di andarsene. Dopo aver soddisfatto i suoi desideri, smembrò il corpo di Hicks e ne seppellì i resti nei boschi circostanti, chiudendoli in sacchetti della spazzatura. Quel primo omicidio segnò l'inizio di un cammino di orrore che sarebbe durato più di un decennio.

Dopo quell'omicidio, Dahmer visse per sei anni con sua nonna a West Allis, nel Wisconsin. Durante questo periodo, il suo comportamento continuava a peggiorare. Continuava a bere in modo eccessivo ed era spesso nei guai con la polizia. Nel settembre 1986, venne arrestato per essersi masturbato in un luogo pubblico. La sua vita sembrava andare alla deriva, senza alcun controllo o senso di colpa.

Nel 1987, Dahmer incontrò Steven Tuomi, un ventiseienne. Dopo una notte di alcol e rapporti omosessuali in un hotel, Tuomi fu trovato morto la mattina successiva. Dahmer, sconvolto ma incapace di fermarsi, mise il corpo in una valigia e lo portò nella cantina della nonna. Da quel momento, iniziò una serie di omicidi che sembravano impossibili da fermare. Ogni volta, Dahmer attirava le sue vittime con la promessa di alcol o denaro, le drogava, le torturava e poi le strangolava. Dopo averle uccise, commetteva atti necrofili sui loro corpi, li smembrava e ne conservava alcune parti nel congelatore, che mangiava occasionalmente.

Le sue vittime erano tutte uomini, giovani e vulnerabili. La sua tecnica era sempre la stessa: le adescava con dolcezza, le faceva bere, e poi, quando erano incapaci di difendersi, le uccideva con violenza inaudita. Dahmer era un predatore metodico, astuto e freddo, sempre alla ricerca di un nuovo corpo da possedere, una nuova vita da spezzare.

La sua orribile corsa terminò la notte del 22 luglio 1991. Dahmer aveva preso di mira Tracy Edwards, il suo diciottesimo bersaglio. Durante la notte, cercò di ammanettare Edwards, ma questi riuscì a scappare e trovò la polizia per strada, ancora con le manette che gli pendevano dal polso. Quando gli agenti lo fermarono, Edwards raccontò loro la sua terribile esperienza e li condusse all'appartamento di Dahmer.

Quando la polizia bussò alla porta, Dahmer aprì con calma, come se non avesse nulla da nascondere. Rispose alle loro domande con tranquillità e si offrì di sbloccare le manette di Edwards. Uno degli agenti lo seguì in camera da letto, e fu allora che il terrore venne alla luce. Quando l'agente aprì il frigorifero, vide parti di corpo umano e teschi. Il mostro si era finalmente rivelato.

Non appena la polizia tentò di arrestare Dahmer, la sua calma scomparve e iniziò a lottare per scappare. Ma era troppo tardi. Una volta bloccato, la polizia iniziò a perquisire l'appartamento e ciò che trovarono fu sconvolgente: teste umane, organi, cuori, mani, genitali maschili, tutto conservato con meticolosità maniacale. Le prove della sua follia erano ovunque: nel freezer, sul materasso insanguinato, nei barattoli di acido usati per sciogliere le ossa.

Dahmer confessò tutto, senza mostrare alcun rimorso. In tribunale, nel maggio 1992, venne dichiarato colpevole dell'omicidio di quindici persone e condannato a 957 anni di prigione. Nonostante i crimini orribili, Dahmer cercò di scusarsi: "Non odiavo nessuno. Sapevo di essere malato, o cattivo, o entrambe le cose. Ora credo di essere stato malato. I medici mi hanno spiegato la mia malattia, e ora ho trovato un po' di pace. So quanto danno ho causato... grazie a Dio non ci saranno altri danni. Accetto che solo il Signore Gesù Cristo può salvarmi dai miei peccati."

Ma la vita di Jeffrey Dahmer non terminò in carcere. Il 28 novembre 1994, mentre lavorava nella palestra della prigione, Dahmer venne picchiato a morte da un altro detenuto, Christopher Scarver. Morì in ambulanza, prima di arrivare all'ospedale. Il suo regno di terrore era finalmente finito, ma le cicatrici dei suoi crimini rimarranno per sempre impresse nella memoria di chiunque abbia sentito la sua storia.

3. Il Collezionista di Bambole Mortali

Anatoly Moskvin, un uomo apparentemente comune, nascondeva un segreto macabro e inquietante nelle strade di Nizhny Novgorod, Russia. Nato il 1° settembre 1966, Anatoly era un uomo di 45 anni che godeva di una certa fama nel mondo accademico russo. Specialista in cimiteri e storie legate ai morti, aveva passato anni a studiare la cultura celtica e i rituali funebri. Ma dietro il volto di un rispettabile storico si nascondeva un'ossessione oscura e incomprensibile per la morte e per le giovani ragazze.

Nel 2011, la sua vita segreta venne alla luce. Le autorità, dopo aver notato attività sospette, entrarono nella sua casa e fecero una scoperta agghiacciante. Sedute sul divano, sui mobili e sugli scaffali c'erano corpi di ragazze, accuratamente vestite e decorate come bambole. Non si trattava di semplici manichini, ma di cadaveri veri. Il numero era spaventoso: 29 corpi di giovani ragazze, di età compresa tra i tre e i dodici anni, disposti con cura come se fossero parte dell'arredamento della casa.

Quando la polizia lo arrestò e iniziò l'interrogatorio, Anatoly confessò tutto senza esitazione. Disse che credeva di poterle riportare in vita. Non pensava di fare nulla di male: le prendeva dalle tombe per salvarle, per prendersi cura di loro. "Non volevo fare del male," disse, "volevo solo che vivessero di nuovo." Anatoly raccontò che era affascinato dalla morte fin dall'infanzia, quando iniziò a frequentare i cimiteri e camminare tra le tombe.

La sua ossessione per i cimiteri non era segreta. In un'intervista rilasciata nel 2007, Moskvin raccontò di aver visitato ben 752 cimiteri tra il 2005 e il 2007. Spesso percorreva fino a 30 chilometri in un giorno solo per camminare tra le lapidi. Durante questi lunghi pellegrinaggi, beveva acqua dalle pozzanghere e dormiva nei campi abbandonati o persino in bare destinate ai funerali. "È come se i morti mi parlassero," raccontava. "Sento che c'è qualcosa che devo fare per loro."

Questa strana relazione con la morte e i defunti si trasformò presto in qualcosa di più oscuro. Non si accontentava più di osservare le tombe; voleva portare i corpi con sé. Moskvin cominciò a dissotterrare i cadaveri delle giovani ragazze e a portarli a casa. Una volta lì, lavava i corpi, li vestiva con abiti presi dagli stessi cadaveri e li trasformava in bambole macabre. Alcune avevano parrucche, altre erano decorate con giocattoli e piccoli accessori. "Le ho salvate dall'oblio," diceva con convinzione. Credeva che, trattandole con amore e rispetto, le stesse in qualche modo riportando in vita.

La polizia trovò nella sua casa anche mappe dei cimiteri, foto delle tombe, nomi e date delle sue vittime, oltre a istruzioni dettagliate su come costruire bambole dalle ossa umane. Le scarpe trovate nella sua casa corrispondevano perfettamente alle impronte rilevate nei cimiteri, confermando che Anatoly aveva sistematicamente violato le tombe. La casa era un mix di carta, libri accatastati, e piccoli spazi riempiti con i corpi imbalsamati. Ogni stanza era come un macabro museo privato.

Ma perché lo faceva? Secondo i dottori che lo hanno esaminato, Moskvin soffriva di gravi problemi mentali. Era ossessionato dall'idea della morte e dall'illusione che le ragazze che dissotterrava potessero essere salvate. Molti psicologi ritengono che il suo comportamento fosse il risultato di una psicosi, ma lo stesso Anatoly non ha mai negato la sua colpa, continuando a ripetere che le sue intenzioni erano "pure."

Durante l'interrogatorio, disse agli investigatori: "Non le ho mai toccate in modo inappropriato. Le ho salvate. Le ho portate via dalla solitudine della morte." Anche se i suoi crimini erano gravissimi, le sue parole non erano quelle di un assassino, ma di un uomo profondamente malato, intrappolato in un mondo di illusioni e ossessioni. Moskvin si era convinto che portando le bambine a casa sua, le stesse proteggendo e dando loro una nuova vita, una vita in cui non erano più sole nelle fredde tombe.

La reazione del pubblico fu di orrore e incredulità. Come poteva un uomo così colto e rispettato nascondere una tale orribile verità?

I video rilasciati dalla polizia mostrarono le stanze della casa piene di quelle "bambole" inquietanti, vestite con abiti colorati, sedute sui divani o sugli scaffali. Le immagini sconvolsero il mondo intero, gettando una luce oscura sulla vita di un uomo che fino a quel momento era conosciuto come uno storico locale, un eccentrico appassionato di cimiteri.

Moskvin venne infine accusato di violazione della sacralità delle tombe e condannato secondo l'articolo 244 del Codice Penale Russo. Tuttavia, i medici dichiararono che era incapace di affrontare un processo normale a causa delle sue condizioni mentali. Fu quindi internato in un ospedale psichiatrico, dove vive tuttora.

Oggi, Anatoly Moskvin ha 56 anni e ha chiesto più volte la libertà, sostenendo di volersi sposare e trasferirsi a Mosca. Nelle sue lettere, espresse il desiderio di "trovare pace" e iniziare una nuova vita. Tuttavia, nessuno ha dimenticato i suoi crimini, e le sue richieste sono state sempre respinte. Il suo destino sembra segnato: vivrà il resto dei suoi giorni in una clinica psichiatrica, sorvegliato e lontano dal mondo che tanto aveva scosso con le sue azioni orribili.

La storia di Anatoly Moskvin ci ricorda che la linea tra follia e mostruosità è spesso sottile. Un uomo che voleva riportare in vita le giovani anime, ma che finì per collezionare corpi come bambole, nella sua mente malata, non vedeva alcun male. Ma per il mondo esterno, il suo era uno degli atti più terribili che si possano immaginare.

4. La Fuga da Alcatraz

Alcatraz, la prigione situata su un'isola al largo di San Francisco, venne costruita nel 1934 come una delle prigioni più sicure e temute al mondo. L'isolamento completo e la posizione tra le gelide acque dell'oceano facevano sì che la fuga fosse considerata impossibile. Ma nel giugno del 1962, tre uomini cambiarono questa percezione con una fuga che sembrava uscita da un film, e che lasciò l'FBI con più domande che risposte.

John Anglin, suo fratello Clarence e Frank Morris, tre detenuti che avevano passato anni dietro le sbarre, pianificarono una fuga audace e incredibile. John e Clarence Anglin erano stati trasferiti ad Alcatraz dopo una serie di rapine in banche, mentre Morris era considerato un criminale particolarmente pericoloso, con un'intelligenza acuta e un passato di tentativi di fuga da altre prigioni. Quando questi tre uomini si incontrarono nella prigione più temuta d'America, la fuga iniziò a prendere forma.

Morris, la mente dietro il piano, era noto per la sua capacità di manipolare e adattarsi. Aveva una storia criminale lunga e sapeva che Alcatraz sarebbe stata la sua ultima possibilità di libertà. Insieme ai fratelli Anglin e a un altro detenuto, Allen West, i quattro iniziarono a progettare la loro fuga, ma sapevano che avrebbero avuto bisogno di pazienza e precisione. La prigione era sorvegliata da guardie ben addestrate, e le acque gelide che circondavano l'isola avrebbero reso qualsiasi tentativo di fuga quasi suicida.

Mentre Morris elaborava il piano, i fratelli Anglin si occupavano di raccogliere materiali e strumenti. Ogni giorno, lavoravano in segreto, utilizzando il tempo trascorso nelle officine della prigione per raccogliere piccoli pezzi di legno, utensili da cucina, e perfino vecchi impermeabili, che avrebbero utilizzato per costruire una zattera improvvisata. Allen West, l'altro detenuto coinvolto, contribuì con quanto poteva, ma il destino non sarebbe stato così clemente con lui.

I muri della prigione, erosi dal sale del mare, divennero il punto debole. Con pazienza e meticolosità, i quattro uomini scavarono un buco nelle loro celle, usando cucchiai, coltelli e qualunque altro attrezzo potessero ottenere. Lavoravano di notte, quando le luci erano spente e il rumore del vento e del mare poteva coprire i suoni del loro scavo. Ogni notte, i tre uomini nascondevano il buco dietro cartoni dipinti per sembrare parte della parete. La pazienza fu la loro arma più grande.

Alla fine, nel giugno del 1962, il piano era pronto. La notte del 12 giugno, mentre la prigione dormiva, Morris e i fratelli Anglin decisero che era il momento. I tre scivolarono fuori attraverso i buchi che avevano scavato nelle loro celle, raggiungendo un corridoio di servizio. Allen West, sfortunatamente, non riuscì a completare il suo buco in tempo e rimase indietro, intrappolato nella sua cella.

I tre evasi, una volta fuori, si spostarono sul tetto della prigione e da lì, usando la zattera costruita con gli impermeabili, si diressero verso le acque gelide della baia di San Francisco. Il mare in quella stagione era particolarmente freddo e agitato, e il rischio di morire per ipotermia era altissimo. Ma i tre uomini erano determinati. Secondo le autorità, nessuno poteva sopravvivere più di 20 minuti in quelle acque.

Il mattino seguente, la prigione scoprì la fuga. L'allarme si diffuse rapidamente e l'FBI venne coinvolta immediatamente. Per settimane, la baia venne perquisita, alla ricerca di indizi sui tre uomini. Le autorità recuperarono alcuni pezzi della zattera e alcuni oggetti personali dei detenuti, ma dei corpi non c'era traccia. Le autorità conclusero che Morris e i fratelli Anglin fossero morti annegati, trascinati via dalle correnti dell'oceano.

Tuttavia, la storia non finì lì. Negli anni successivi, si diffusero voci secondo cui i fratelli Anglin fossero ancora vivi. La loro famiglia affermò più volte di aver ricevuto lettere e cartoline dai due fuggitivi, ma nessuna prova concreta emerse mai per confermare queste affermazioni. Si diceva che i due fratelli fossero riusciti a raggiungere il Sud America, dove avrebbero vissuto sotto falso nome, ma queste rimangono solo voci.

L'FBI continuò a indagare per oltre 15 anni, ma alla fine chiuse il caso nel 1979, senza aver mai trovato una risposta definitiva. L'anno successivo alla fuga, nel 1963, Alcatraz venne chiusa definitivamente. La prigione, ormai troppo costosa da mantenere e con troppi segreti, chiuse le sue porte, lasciando dietro di sé una leggenda.

La fuga da Alcatraz rimane uno dei misteri più grandi della storia americana. John Anglin, Clarence Anglin e Frank Morris divennero simboli di un'audacia senza precedenti, sfidando l'impossibile e lasciando il mondo a chiedersi se ce l'avessero fatta davvero. Ogni tanto, nuove teorie emergono, sostenute da avvistamenti o indizi, ma nessuna prova concreta è mai stata trovata per confermare se i tre uomini riuscirono davvero a sfuggire al freddo abbraccio del mare o se, come le autorità hanno sempre sostenuto, morirono quella notte.

Cosa accadde davvero quella notte? Il destino di Morris e dei fratelli Anglin rimane avvolto nel mistero, un enigma che forse non verrà mai risolto. Tuttavia, la loro storia continua a ispirare film, libri e teorie, mantenendo viva la leggenda della fuga da una delle prigioni più impenetrabili al mondo.

5. Il Colpo dei Diamanti Scomparsi

Lulu Lakatos, una donna dal fascino enigmatico e l'abilità di una ladra professionista, riuscì a far sparire diamanti per un valore di 42 milioni di sterline da una prestigiosa gioielleria di Londra. Un colpo incredibile che lasciò tutti senza parole e che portò la giustizia a ordinarle di pagare una semplice multa di 250 sterline, una cifra che sembrava ridicola rispetto al valore dei gioielli rubati. Nonostante la multa esigua, Lulu fu condannata a cinque anni di carcere, e la sua storia diventò presto il centro di una discussione pubblica tra stupore e incredulità.

L'evento si svolse nella rinomata gioielleria Boodles di Londra, un luogo di lusso frequentato da clienti facoltosi. Era una giornata apparentemente normale quando Lulu entrò nel negozio con l'eleganza di una donna d'affari. Si presentò come un'esperta gemmologa, incaricata di valutare alcuni diamanti di lusso per conto di un ricco cliente russo. La sua aria sicura e professionale non lasciava spazio a sospetti. Il personale della gioielleria la accolse con rispetto, e lei iniziò a esaminare attentamente i gioielli, uno per uno.

La verità, però, era ben diversa da quella che Lulu voleva far credere. Mentre studiava i preziosi diamanti, con una destrezza incredibile, li sostituì con pietre senza valore che aveva nascosto nella sua borsa. Nessuno del personale se ne accorse, affascinati dall'apparente competenza della donna. In pochi minuti, sette diamanti, uno dei quali del valore di 22 milioni di sterline, scomparvero magicamente nella sua borsa.

Quella sera, Lulu Lakatos lasciò Londra secondo un piano ben congegnato. Si diresse verso la Francia, credendo di aver compiuto il colpo perfetto. Il giorno successivo, il personale della gioielleria scoprì la verità: quando aprirono la cassaforte, al posto dei diamanti, trovarono sette comuni pezzi di pietra. Fu uno shock totale. I gioiellieri, devastati, chiamarono immediatamente la polizia. Boodles era sotto il controllo delle telecamere di sicurezza, e le immagini rivelarono l'inganno della ladra.

Nonostante la destrezza con cui Lulu aveva compiuto il furto, la sua fuga non sarebbe durata a lungo. Le forze di polizia di Scotland Yard, già esperte nella gestione di crimini sofisticati, iniziarono una caccia internazionale. Ricostruirono meticolosamente ogni passo della donna e collegarono i fili che la portarono alla sua cattura. Nonostante fosse già in Francia, Lulu fu infine arrestata, grazie alla cooperazione tra le autorità britanniche e francesi. L'abilità di Scotland Yard nel seguire ogni traccia lasciata da Lulu dimostrò che, nonostante il genio criminale, la legge avrebbe avuto l'ultima parola.

Il processo iniziò nel 2021 presso un tribunale di Londra, dove Lulu Lakatos fu accusata di cospirazione per furto. Le prove contro di lei erano schiaccianti: le riprese delle telecamere di sicurezza mostrarono chiaramente come avesse sostituito i diamanti con le pietre. Lulu, che fino a quel momento aveva mantenuto un atteggiamento freddo e distaccato, fu costretta ad ammettere il suo coinvolgimento nel furto. Tuttavia, rifiutò di entrare nei dettagli, preferendo non rivelare dove fossero finiti i diamanti o chi fossero i suoi complici. Era evidente che dietro questo colpo vi fosse una mente criminale ben organizzata.

Durante il processo, il giudice descrisse il crimine come un atto di astuzia e calcolo. Ma ciò che sorprese molti fu la decisione finale sul risarcimento: Lulu fu condannata a pagare solo 250 sterline. La cifra, simbolica rispetto al valore del furto, destò scalpore tra il pubblico. Molti si chiedevano come fosse possibile che una ladra responsabile di uno dei furti di diamanti più grandi della storia recente dovesse pagare una somma così irrisoria. Tuttavia, la giustizia spiegò che gran parte del denaro e dei beni di Lulu erano già stati confiscati e che quella piccola somma era tutto ciò che rimaneva.

La condanna a cinque anni di prigione sembrava una punizione giusta, ma il mistero dei diamanti scomparsi continuava a persistere. Durante il processo, Lulu non rivelò mai dove fossero finiti i gioielli.

Le autorità sospettavano che fossero stati trasferiti a un'organizzazione criminale internazionale, ma nessuna prova concreta venne mai trovata. Lulu era parte di un'operazione ben più ampia, e il suo silenzio sul destino dei diamanti lasciava aperti molti interrogativi.

Il caso di Lulu Lakatos non fu solo un caso di furto, ma anche una dimostrazione di come l'intelligenza criminale possa sfidare anche i sistemi di sicurezza più sofisticati. La donna, con la sua astuzia e abilità, riuscì a ingannare uno dei negozi più prestigiosi di Londra e a compiere un colpo che sarebbe stato ricordato per anni. Ma nonostante il suo tentativo di fuga e il suo silenzio durante il processo, la giustizia riuscì a fermarla.

Il destino dei diamanti da 42 milioni di sterline rimane ancora oggi un mistero. Nessuno sa con certezza dove siano finiti, né chi li possieda. Lulu Lakatos, con la sua personalità enigmatica e la sua destrezza, è diventata una figura quasi leggendaria nel mondo del crimine. Il suo nome è legato a uno dei furti più spettacolari della storia recente, e la sua storia continua a suscitare curiosità e fascinazione.

Così, mentre sconta la sua pena, il mistero dei diamanti scomparsi continua a fluttuare nell'aria, come un enigma irrisolto che forse non troverà mai una risposta.

6. La Fine di il Mostro Americano

Theodore Robert Bundy, conosciuto come Ted Bundy, è stato uno dei serial killer più noti e spietati della storia degli Stati Uniti. Nato il 24 novembre 1946 a Burlington, nel Vermont, Ted cresciuto in un ambiente apparentemente normale, nascondeva dietro la sua facciata affascinante un abisso di violenza e perversione. Il suo aspetto ben curato e il suo charme ingannavano chiunque lo incontrasse, ma dietro quell'apparenza si nascondeva un uomo capace di orrori inimmaginabili.

Le sue vittime, in maggioranza donne giovani e attraenti, venivano ingannate dalla sua gentilezza e dal suo aspetto rassicurante. Con un sorriso accattivante e modi garbati, riusciva a guadagnarsi la fiducia delle sue prede, solo per poi trasformarsi in un mostro implacabile. Secondo le autorità, Bundy ha rapito, stuprato e ucciso almeno 36 donne tra il 1974 e il 1978, anche se molti credono che il numero reale delle sue vittime sia molto più alto.

Ted Bundy era un uomo di contrasti: intelligente, affascinante e con una buona istruzione, sembrava avere tutto per costruirsi una vita di successo. Dopo aver completato gli studi universitari, si era anche interessato alla politica e aveva lavorato come volontario nella campagna di un candidato al Partito Repubblicano. Ma dietro quell'apparenza rispettabile, si nascondeva un'anima malata e crudele, incapace di controllare la sua sete di sangue.

Il primo omicidio documentato di Ted Bundy avvenne nel 1974. La sua prima vittima fu Linda Ann Healy, una studentessa dell'Università di Washington. Ted la rapì dal suo appartamento, la stuprò e poi la uccise, lasciando dietro di sé una scia di morte che si sarebbe presto allargata a molte altre città degli Stati Uniti. Prese di mira donne giovani, spesso studentesse, che rapiva di nascosto e portava in luoghi isolati dove compiva le sue atrocità. Non si limitava a uccidere le sue vittime: spesso le decapitava, conservando i loro teschi come macabri trofei nel suo appartamento.

Le città di Washington e Oregon furono i primi luoghi in cui Bundy iniziò la sua scia di omicidi, ma presto il suo orrore si diffuse in altri stati. Usava la sua intelligenza per sfuggire alla cattura, muovendosi tra diverse città e cambiando costantemente metodo di azione. Tuttavia, il suo bisogno compulsivo di uccidere continuava a crescere. Ted trovava un macabro piacere nell'umiliare le sue vittime anche dopo la morte. Questo mostro non si accontentava solo di spegnere la vita delle sue vittime, ma si dilettava nel mutilare i loro corpi, un rituale che sembrava alimentare la sua sete di potere e controllo.

Le indagini della polizia furono ostacolate dalla capacità di Bundy di mescolarsi perfettamente nella società. Nessuno poteva sospettare che un uomo così colto e affabile fosse capace di crimini così brutali. Ma il suo gioco di manipolazione non poteva durare per sempre. Il 16 agosto 1975, Bundy venne arrestato per la prima volta dopo essere stato fermato per una violazione del codice stradale. Nel bagagliaio della sua auto, la polizia trovò oggetti sospetti, tra cui manette, nastri adesivi e strumenti che sembravano indicare un chiaro intento criminale. Nonostante l'arresto, Bundy riuscì a fuggire dalla custodia della polizia diverse volte, ingannando le autorità con la stessa astuzia con cui ingannava le sue vittime.

La prima volta che Bundy scappò, approfittò di una disattenzione delle guardie e si calò da una finestra della biblioteca del tribunale in Colorado. Riuscì a rimanere in fuga per settimane prima di essere catturato di nuovo. Ma la seconda fuga fu ancora più audace: riuscì a evadere da una prigione del Colorado scalando il soffitto della sua cella e facendo un buco. Questa volta, si diresse verso la Florida, dove commise alcuni dei suoi crimini più feroci.

In Florida, Bundy attaccò brutalmente una confraternita universitaria nel gennaio del 1978. Entrò nella casa della Chi Omega dell'Università della Florida e uccise due giovani studentesse, Lisa Levy e Margaret Bowman, colpendole alla testa mentre dormivano, e aggredendo altre due ragazze prima di fuggire. Fu un assalto terribile che scioccò la comunità e attirò nuovamente l'attenzione delle forze dell'ordine su di lui.

Tuttavia, questa volta, il cerchio si stava chiudendo. Il 15 febbraio 1978, Bundy venne finalmente catturato per l'ultima volta dopo essere stato fermato dalla polizia per un furto d'auto. Questa volta non ci furono più fughe. Durante gli interrogatori, Bundy inizialmente negò ogni responsabilità, ma col tempo, con la pressione crescente delle prove schiaccianti contro di lui, iniziò a confessare i suoi crimini.

Le sue confessioni furono orribili. Raccontò senza emozioni come avesse rapito, stuprato e ucciso decine di giovani donne, spesso descrivendo con dettagli agghiaccianti come si fosse sentito "potente" durante ogni omicidio. Era evidente che Bundy non provava alcun rimorso per ciò che aveva fatto; per lui, le sue vittime erano semplici oggetti da manipolare e distruggere a suo piacimento.

Il processo a Bundy attirò l'attenzione dell'intero paese. La sala del tribunale era piena di giornalisti e curiosi, affascinati dal contrasto tra l'uomo attraente e ben educato che sedeva al banco degli imputati e il mostro che aveva compiuto così tante atrocità. Durante il processo, Bundy si difese da solo, dimostrando ancora una volta la sua intelligenza e la sua arroganza. Ma alla fine, nessuna argomentazione poteva salvarlo dalle prove schiaccianti.

Il 24 gennaio 1989, Ted Bundy fu giustiziato sulla sedia elettrica nel penitenziario di Raiford, in Florida. All'esterno della prigione, centinaia di persone si radunarono per celebrare la sua morte, facendo esplodere fuochi d'artificio e gridando di gioia. Per molti, la fine di Bundy rappresentava la chiusura di un capitolo oscuro della storia americana, un capitolo fatto di paura e terrore.

Ted Bundy, il "mostro" che aveva seminato morte e distruzione per anni, era finalmente stato fermato. Ma le sue azioni lasciarono cicatrici profonde in coloro che lo avevano conosciuto e, soprattutto, nelle famiglie delle sue vittime. Il suo nome è diventato sinonimo di malvagità e manipolazione, un simbolo di come l'apparenza inganni e di quanto possa essere complesso e oscuro l'animo umano.

La storia di Ted Bundy rimarrà per sempre impressa nella memoria collettiva, come un avvertimento di ciò che può nascondersi dietro una maschera perfetta.

7. Il Re del Crimine

Alphonse Gabriel Capone, meglio conosciuto come Al Capone, è un nome che ha segnato l'America degli anni '20 e '30. Nato a Brooklyn, New York, nel 1899, Al Capone è cresciuto nelle strade, dove ha iniziato il suo cammino verso la criminalità. Sin da giovane, Capone era immerso nella cultura delle gang di strada che fiorivano nei quartieri più poveri di New York, e il suo futuro sembrava inevitabile: diventare uno dei gangster più famosi e temuti del mondo.

Capone abbandonò la scuola già alla sesta elementare, incapace di adattarsi alle regole scolastiche e attratto dal mondo delle bande che popolavano i quartieri di Brooklyn. Fu in quelle strade che imparò le prime regole del crimine: sopravvivere, essere spietato e, soprattutto, saper sfruttare ogni occasione per fare soldi. L'inizio della sua carriera criminale era umile; lavorava come bouncer in diversi bar e locali, ma la sua ambizione era ben più grande.

Il grande cambiamento arrivò quando Capone si trasferì a Chicago nel 1920. Qui entrò a far parte della gang di Johnny Torrio, un noto boss della malavita che gestiva il traffico illegale di alcol e il gioco d'azzardo durante il proibizionismo. Torrio vide in Capone un giovane con grande potenziale: intelligente, astuto e spietato. Sotto la guida di Torrio, Capone imparò come gestire affari illegali e come usare la violenza in modo calcolato per espandere il potere della banda.

Nel 1925, la vita di Capone cambiò drasticamente. Johnny Torrio fu gravemente ferito in un attacco da parte di una gang rivale e, nel suo letto d'ospedale, passò il comando ad Al Capone. A soli 26 anni, Capone si trovò a capo di un vasto impero criminale che controllava gran parte di Chicago. Era l'inizio della sua ascesa come uno dei gangster più potenti d'America.

Sotto la sua guida, l'impero di Capone si espanse rapidamente. Il proibizionismo aveva creato un'opportunità d'oro per il traffico di alcolici, e Capone sapeva come sfruttarla. In pochi anni, i suoi affari illegali generavano profitti di oltre 100 milioni di dollari all'anno, una cifra impressionante per l'epoca. Ma il denaro non era l'unico strumento che Capone usava per mantenere il suo potere. Aveva anche un esercito privato composto da circa 600 uomini, pronti a eseguire i suoi ordini senza esitazione.

Capone non si limitava a gestire il traffico di alcol. Era anche coinvolto nel gioco d'azzardo illegale, nella prostituzione e in numerosi altri affari illeciti. Il suo controllo su Chicago era tale che riusciva a corrompere non solo la polizia locale, ma anche giudici e politici. La sua influenza era così grande che sembrava intoccabile, e chiunque osasse mettersi sulla sua strada finiva vittima della sua violenza.

Uno degli eventi più famosi legati al nome di Al Capone è il massacro di San Valentino del 1929. In quel giorno, il 14 febbraio, sette membri di una gang rivale furono brutalmente uccisi in pieno giorno da uomini vestiti da poliziotti, presumibilmente su ordine di Capone. Fu uno degli atti di violenza più spietati e pubblicizzati del suo regno, un chiaro messaggio a chiunque pensasse di sfidare il suo dominio.

Nonostante la sua potenza e il suo impero, Capone sapeva che la legge era sempre dietro di lui. Fu arrestato diverse volte, ma riuscì a corrompere funzionari e a uscire di prigione grazie alla sua astuzia e alla sua rete di contatti. Tuttavia, nel 1929, le cose cominciarono a cambiare. Capone fu arrestato a Philadelphia per possesso illegale di armi e condannato a un anno di prigione. Sebbene fosse rilasciato dopo nove mesi per buona condotta, il suo regno cominciava a mostrare le prime crepe.

Il colpo decisivo arrivò nel 1931, quando fu accusato di evasione fiscale. L'FBI, sotto la guida di Eliot Ness, uno degli agenti più determinati nella lotta contro Capone, riuscì a raccogliere prove sufficienti per incriminarlo. Fu un momento storico: Capone, che sembrava intoccabile per i suoi crimini violenti, fu finalmente incastrato per un reato "banale" come l'evasione fiscale. Il 16 giugno

1931, fu formalmente accusato di 22 capi d'imputazione per evasione fiscale e, in ottobre, fu condannato a 11 anni di prigione.

Capone fu inviato nella famosa prigione di Alcatraz, dove il suo regno di terrore finì. In prigione, la sua salute cominciò a deteriorarsi. Soffriva di sifilide, una malattia contratta anni prima, che iniziò a distruggere il suo corpo e la sua mente. Dopo sette anni passati in carcere, la sua condizione era così grave che fu rilasciato nel 1939 e trasferito in un ospedale. Tuttavia, il suo declino continuò inesorabile. Dopo essere stato lontano dalla scena pubblica per anni, Capone morì il 25 gennaio 1947 a causa di un arresto cardiaco aggravato da polmonite.

La morte di Capone segnò la fine di un'era. Sebbene molti gangster avessero popolato le strade d'America, nessuno riuscì a raggiungere il livello di notorietà e potere che Capone aveva raggiunto. Per molti, il suo nome rimane un simbolo di violenza, potere e corruzione, ma anche di come l'apparenza di invincibilità possa essere distrutta da forze più grandi.

Al di là dei crimini, la storia di Al Capone è anche la storia di un uomo divorato dalle sue stesse ambizioni. Voleva tutto: denaro, potere, rispetto. Ma alla fine, tutto ciò che ottenne fu una vita di paura, segnata dalla paranoia e dalla violenza. La sua caduta fu inevitabile, un promemoria che nessuno è davvero invincibile, nemmeno il più potente dei gangster.

8. La Tragica Storia di Bonnie e Clyde

Bonnie Parker e Clyde Barrow, una coppia che ha terrorizzato l'America degli anni '30 con rapine, omicidi e fughe spericolate, sono diventati leggenda. La loro storia è un misto di amore, crimine e violenza che li ha resi celebri in tutto il paese. Bonnie, nata nel 1910 a Rowena, Texas, non avrebbe mai immaginato che la sua vita sarebbe finita in una spirale di illegalità. Era una giovane donna vivace, con una buona educazione e una mente brillante. Cresciuta in una famiglia modesta, Bonnie sognava una vita avventurosa, ma non avrebbe mai potuto prevedere che l'amore l'avrebbe portata a diventare una delle criminali più famose d'America.

Bonnie incontrò Clyde Barrow nel 1930, quando aveva 19 anni. Clyde, un giovane delinquente con alle spalle una serie di piccoli crimini, conquistò Bonnie con il suo carisma e la sua determinazione. I due si innamorarono perdutamente e da quel momento la loro vita cambiò radicalmente. Clyde era già noto alle autorità per i suoi furti e omicidi, e poco dopo il loro incontro fu arrestato e condannato al carcere. Bonnie, innamorata e fedele, non abbandonò mai Clyde, nemmeno quando lui fuggì dalla prigione. Questo legame forte tra i due li portò a vivere una vita al limite, in fuga costante dalla legge.

Clyde Barrow era un uomo complesso, guidato da una rabbia profonda contro il sistema. Aveva iniziato con piccoli furti, ma presto la sua ambizione e il suo odio per le autorità lo spinsero a crimini sempre più gravi. Dopo essere fuggito dal carcere nel 1932, Clyde si unì a Bonnie e insieme formarono una banda criminale che avrebbe sconvolto il paese. La loro specialità erano le rapine in banca, eseguite con una precisione e una brutalità spietata. Con il tempo, la coppia si costruì una reputazione spaventosa: erano giovani, belli e pericolosi.

Nel 1933, la situazione per Bonnie e Clyde cominciò a farsi sempre più complicata. Erano costantemente braccati dalle autorità, ma continuavano a sfuggire alla cattura. Clyde era un abile pilota e sapeva come ingannare la polizia durante le fughe in auto. Bonnie, dal canto suo, non era solo una complice, ma partecipava attivamente alle rapine, dimostrando un coraggio fuori dal comune. Insieme alla loro banda, che includeva il fratello di Clyde, Buck Barrow, e sua moglie, Blanche, il duo commetteva crimini senza pietà, colpendo banche, negozi e, a volte, persino stazioni di polizia.

Il loro stile di vita era frenetico e pericoloso. Vivevano costantemente in fuga, spostandosi da una città all'altra, nascondendosi nelle campagne o in rifugi di fortuna. La banda di Bonnie e Clyde era responsabile di almeno 13 omicidi, molti dei quali erano poliziotti che cercavano di fermarli. Tuttavia, nonostante la loro brutalità, la coppia attirava l'attenzione della stampa e del pubblico. La loro storia d'amore criminale, raccontata nei giornali, affascinava molti americani. Bonnie e Clyde divennero una sorta di eroi maledetti, ammirati per la loro ribellione contro il sistema, anche se il loro cammino era lastricato di sangue e morte.

Ma la loro fortuna non durò a lungo. La polizia, sotto crescente pressione per fermare la coppia, intensificò la caccia. Nel 1934, Bonnie e Clyde si trovarono coinvolti in una serie di sparatorie e rapine che li resero ancor più noti alle autorità federali. Uno degli episodi chiave fu quando la banda liberò cinque detenuti da una prigione, uccidendo tre poliziotti nel processo. Questo atto segnò il punto di non ritorno: l'FBI mise Bonnie e Clyde in cima alla lista dei criminali più ricercati del paese.

La loro fine era ormai segnata. Il 23 maggio 1934, la polizia ricevette una soffiata: Bonnie e Clyde stavano viaggiando verso Louisiana, a bordo della loro amata Ford V8. Le autorità organizzarono un'imboscata nei pressi di una strada isolata, vicino a Sailes, Louisiana. I poliziotti, armati e pronti a tutto, attesero il passaggio della coppia. Quando l'auto di Bonnie e Clyde apparve all'orizzonte, iniziò una pioggia di proiettili. I due criminali non ebbero alcuna possibilità: furono crivellati di colpi, morendo sul colpo.

Clyde aveva 25 anni, Bonnie appena 23. La loro fine fu brutale, ma inevitabile. Le foto dei loro corpi senza vita, all'interno dell'auto, furono pubblicate sui giornali di tutto il paese, segnando la fine della loro folle corsa. La loro leggenda, tuttavia, sopravvisse alla loro morte. Bonnie Parker, con la sua passione per la poesia, aveva scritto un ultimo poema poco prima di morire, in cui sembrava presagire la sua tragica fine insieme a Clyde: "Un giorno finiranno per ucciderci tutti e due", aveva scritto.

La storia di Bonnie e Clyde è una delle più affascinanti e tragiche del crimine americano. La loro vita fu un misto di amore e violenza, un'avventura disperata che li condusse inevitabilmente verso la morte. Pur avendo scelto una vita criminale, rimasero legati fino alla fine, diventando icone di ribellione e passione pericolosa. Anche se il loro nome è associato a crimini terribili, la loro storia continua a essere raccontata come una leggenda di amanti maledetti, condannati da un destino che loro stessi avevano scelto.

Così si concluse la breve e intensa vita di Bonnie e Clyde, lasciando dietro di sé un'eredità che continua a ispirare film, libri e canzoni. Ma oltre alla fama, la loro storia resta un promemoria di come l'amore e la disperazione possano spingere due giovani a sfidare tutto, persino la morte.

9. Il Terrore di Lahore

Jagga Gurjar, il cui vero nome era Mohammad Sharif, è una figura leggendaria della criminalità pakistana. Nato e cresciuto nel quartiere di Islamia Park a Lahore, Jagga inizialmente viveva una vita come quella di qualsiasi altro ragazzo della zona. Ma un evento tragico cambiò il corso della sua esistenza, trasformandolo da giovane comune a uno dei criminali più temuti di Lahore. La città viveva nel terrore del suo nome, e arrivò al punto in cui gli abitanti pagavano una tassa, il famoso "Jagga Tax," per evitare problemi con lui e la sua gang.

Tutto iniziò nel 1954, quando il fratello maggiore di Jagga, Makhan Gurjar, fu ucciso durante una lite con alcuni delinquenti locali durante una fiera. Makhan era stato un modello di riferimento per Jagga, e la sua morte sconvolse profondamente il giovane. Da quel momento, il solo pensiero di Jagga era la vendetta. Non riusciva a darsi pace finché non avesse punito chi aveva tolto la vita a suo fratello. Nella sua mente, la giustizia poteva essere raggiunta solo attraverso la violenza.

La sua ossessione per la vendetta lo portò a rintracciare l'assassino di Makhan, e, con una determinazione inarrestabile, Jagga lo uccise a sangue freddo, solo otto giorni dopo l'omicidio di suo fratello. A soli 14 anni, Jagga finì in prigione per omicidio. Tuttavia, la prigione non fu la fine del suo viaggio nel mondo del crimine; al contrario, fu l'inizio di qualcosa di più oscuro.

In prigione, Jagga venne a sapere che dietro la morte di suo fratello c'era una figura molto più potente: Chaudhary Aslam, conosciuto come Accha Shokarwala, un criminale temuto e rispettato a Lahore. Jagga, pur essendo un adolescente, pianificò meticolosamente la sua vendetta. Dall'interno della prigione, organizzò due attentati contro Accha Shokarwala, ma quest'ultimo riuscì a sfuggire, anche se due dei suoi uomini furono uccisi. La rivalità tra i due era ormai aperta, e la vendetta divenne il motore della vita di Jagga.

Quando Jagga uscì di prigione all'inizio del 1968, durante il mandato del governatore Musa Khan, non era più il ragazzo di un tempo. Fuori dalle mura del carcere, aveva solo un obiettivo: consolidare il suo potere e rendere Lahore il suo regno personale. Formò una gang e iniziò a estorcere denaro nel mercato dei macellai della città. Richiedeva un tributo di una rupia per ogni capra venduta. In poco tempo, questo tributo divenne noto come il "Jagga Tax", un simbolo del suo controllo su una parte significativa del commercio di Lahore.

Nonostante le sue azioni criminali, Jagga aveva un lato che lo rendeva, agli occhi di alcuni, un "eroe popolare." Parte del denaro che raccoglieva attraverso il "Jagga Tax" veniva distribuito tra i poveri e le vedove della zona. Questo gli fece guadagnare il rispetto e il sostegno di una parte della popolazione, che vedeva in lui una sorta di benefattore, anche se le sue azioni violente lo rendevano temuto dalla maggioranza.

Ma la sua ossessione per la vendetta contro Accha Shokarwala non si placava. Sebbene non si sappia con certezza se Jagga riuscì mai a uccidere il suo nemico, il suo potere crebbe a tal punto che la polizia e le autorità di Lahore non poterono più ignorarlo. Jagga era diventato un problema che doveva essere risolto.

Fu l'arrivo del nuovo Deputy Commissioner Fatah Mohammad Khan che segnò l'inizio della fine per Jagga Gurjar. Con l'aiuto del SSP e del SHO, Fatah Mohammad pianificò una strategia per mettere fine al regno di terrore di Jagga. Ma Jagga, sempre un passo avanti alla polizia, fuggì a Kashmir, nella zona controllata dal Pakistan, sapendo che la polizia era sulle sue tracce.

La tensione tra Jagga e le forze dell'ordine crebbe fino a luglio del 1968, quando la polizia ricevette una soffiata decisiva: Jagga era tornato a Lahore per far visita a sua madre. Dopo mesi di attesa, le autorità non potevano lasciarsi sfuggire questa occasione. Organizzarono un'imboscata, circondando Jagga e i suoi uomini. In una sparatoria intensa e violenta, Jagga Gurjar fu ucciso. Aveva solo 25 anni quando incontrò la sua fine.

La morte di Jagga segnò la fine di un'era per Lahore. Per anni, la città aveva vissuto nel terrore del suo nome, ma ora la sua leggenda cominciava a trasformarsi in mito. La sua storia venne tramandata da una generazione all'altra, e negli anni '80 e '90 furono prodotti diversi film sulla sua vita, trasformandolo in una sorta di figura leggendaria della criminalità pakistana.

Jagga Gurjar era un uomo complesso, mosso da un desiderio di vendetta e potere. Le sue azioni erano alimentate da una rabbia profonda per la morte di suo fratello, una rabbia che lo spinse oltre ogni limite morale. Nonostante le sue violenze, molti lo ricordano anche come un uomo che, in qualche modo distorto, cercava di restituire qualcosa ai poveri e agli emarginati. La sua vita fu un mix di criminalità e compassione, di brutalità e onore, lasciando dietro di sé una scia di sangue e leggenda.

Jagga Gurjar rimarrà per sempre una delle figure più controverse della storia criminale di Lahore, un uomo che ha vissuto e combattuto secondo le sue regole, fino a quando la legge non lo ha raggiunto.

10. Il Mago Nero di Sumatra

Ahmad Suradji, conosciuto come il "Killer del Mago Nero," ha terrorizzato l'Indonesia per più di un decennio con i suoi crimini raccapriccianti. Nato il 10 gennaio 1949 a Medan, nella regione del Nord Sumatra, Indonesia, Ahmad era cresciuto in una nazione prevalentemente musulmana, ma il suo legame con la magia nera e le pratiche occulte lo rese uno degli assassini seriali più temuti del paese. Dietro il suo volto tranquillo da guaritore si nascondeva una mente perversa e spietata.

Ahmad, fin da giovane, si dedicava alla pratica dell'occulto. Col tempo, diventò un noto stregone nella sua comunità, guadagnandosi la fiducia della gente che si rivolgevano a lui per risolvere i problemi della vita quotidiana. Le sue vittime principali erano donne, giovani tra i 17 e i 40 anni, che lo cercavano per chiedere aiuto su questioni d'amore, bellezza, e potere. La sua casa divenne il centro di questo oscuro mondo, dove Ahmad esercitava una maligna magia nera che culminava in orribili delitti.

L'idea che stava alla base dei crimini di Ahmad era la convinzione che uccidendo le donne e seppellendole a metà nel terreno, con il volto rivolto verso casa sua, potesse assorbire il loro potere e accrescere le proprie capacità magiche. Credeva che ogni vittima lo rendesse più potente e che lo avrebbe aiutato a vivere più a lungo. Questa folle ossessione per il potere lo spinse a compiere una lunga serie di omicidi, e nessuno sospettò del suo ruolo, dato che era considerato un guaritore.

Per anni, le donne venivano attirate nella sua trappola. Ahmad usava la sua reputazione per farle avvicinare: prometteva loro di risolvere i problemi amorosi, di renderle più belle o di aiutarle a riconquistare mariti infedeli. Ma dietro queste promesse, c'era solo morte. Le sue vittime, dopo averlo invitato a casa loro o dopo averlo incontrato in luoghi isolati, venivano brutalmente uccise. Le seppelliva in modo parziale nel terreno, credendo che questo fosse un rituale necessario per accrescere i suoi poteri oscuri.

La sua follia omicida rimase nascosta per anni, finché, il 24 aprile 1997, il corpo di una ragazza di 21 anni, Kemala, venne ritrovato in un campo. La polizia iniziò subito le indagini e scoprì che l'ultima persona con cui Kemala era stata vista viva era proprio Ahmad Suradji. Anche se inizialmente Ahmad negò di conoscerla, i sospetti della polizia crebbero rapidamente quando trovarono la borsetta della ragazza nella sua casa. Questo fu l'inizio della sua caduta.

Il 30 aprile 1997, Ahmad fu arrestato nella sua casa di Medan. Le indagini portarono alla scoperta di un orrore che nessuno poteva immaginare. Nel corso dell'interrogatorio, Ahmad confessò i suoi crimini, ammettendo di aver ucciso 42 donne tra il 1986 e il 1997. Gli investigatori furono scioccati dalla freddezza con cui descrisse ogni omicidio. Per Ahmad, queste non erano semplici vite spezzate, ma sacrifici necessari per alimentare il suo potere. Disse che dopo averle uccise, seppelliva i corpi solo a metà, con il volto rivolto verso casa sua, convinto che le loro anime rimanessero intrappolate e lo rendessero invincibile.

Non era solo in questi crimini terribili. Una delle sue tre mogli, Tumini, lo aiutava a catturare e uccidere le vittime. Anche se Tumini cercò di minimizzare il suo coinvolgimento, la polizia riuscì a dimostrare che era complice attiva degli omicidi. Tumini fu condannata all'ergastolo per il suo ruolo nei crimini, ma in origine era stata anche lei condannata a morte.

Ahmad Suradji non mostrò mai rimorso per i suoi crimini. Nel corso dei vari interrogatori e processi, non fece altro che ribadire la sua convinzione che stava agendo per alimentare il suo potere occulto. Per lui, ogni morte era un mezzo per rafforzare la sua connessione con la magia nera.

Il 27 aprile 1998, il tribunale condannò Ahmad Suradji a morte. La sentenza era inevitabile: la sua confessione, i corpi delle vittime ritrovati nel suo terreno e le prove schiaccianti contro di lui lo portarono a una fine meritata. Tuttavia, la sua esecuzione venne ritardata di diversi anni a causa del lungo processo legale. Alla fine, il 10 luglio 2008, Ahmad Suradji venne giustiziato da un plotone di esecuzione, ponendo fine al regno di terrore che aveva inflitto a tante famiglie.

La sua storia rimane una delle più spaventose e inquietanti nella storia criminale dell'Indonesia. Non era solo un assassino, ma un uomo che aveva utilizzato la sua reputazione di guaritore e stregone per compiere atti atroci. La sua ossessione per il potere magico e il suo desiderio di immortalità lo trasformarono in un mostro che non esitava a sacrificare vite innocenti per i suoi folli scopi.

Ahmad Suradji sarà ricordato come il "Killer del Mago Nero," un uomo che ha distrutto la fiducia di chi cercava aiuto e che ha seminato paura e morte in tutto il paese.

11. Il Mistero del Black Dahlia

Il caso del Black Dahlia è uno dei misteri irrisolti più inquietanti e affascinanti della storia americana. Una storia che ha scosso gli Stati Uniti nel 1947 e che, ancora oggi, rimane avvolta nel mistero. Il nome della vittima, Elizabeth Short, è passato alla storia come il "Black Dahlia", ma ciò che accadde a quella giovane donna è uno dei crimini più crudeli e inspiegabili che abbiano mai colpito Los Angeles.

Elizabeth Short nacque a Boston, Massachusetts, nel 1924. Cresciuta con grandi sogni e desideri di diventare una star del cinema, Elizabeth decise di trasferirsi a Los Angeles, la città delle luci e delle stelle, per tentare la fortuna come attrice. Era giovane, bella, con capelli scuri e occhi intensi, un aspetto che le valse il soprannome di "Black Dahlia". Ma dietro il suo sorriso e i suoi sogni, c'era una vita piena di difficoltà. Come molti aspiranti attori e attrici, Elizabeth lottava per mantenersi a Los Angeles, lavorando saltuariamente e vivendo ai margini di una società che sembrava non accorgersi di lei.

Tutto cambiò drammaticamente quando Elizabeth scomparve il 9 gennaio 1947. Per giorni nessuno seppe cosa fosse successo alla giovane donna, finché il 15 gennaio, una scoperta orribile scosse la città. Una donna stava passeggiando con il suo bambino in un quartiere tranquillo di Leimert Park, Los Angeles, quando notò qualcosa di strano sul terreno. A prima vista, pensò che fosse un manichino, abbandonato in un campo desolato, lontano dalla strada. Ma avvicinandosi, la realtà si rivelò in tutta la sua crudezza.

Lì, disteso sul terreno, c'era il corpo di una donna giovane, tagliato in due all'altezza della vita. Il corpo era stato brutalmente mutilato: la bocca era stata tagliata agli angoli, creando un macabro "sorriso" che si estendeva fino alle orecchie. Il volto era segnato da ferite profonde, e il corpo portava i segni di torture indescrivibili. Tuttavia, ciò che sconvolse ancora di più gli investigatori fu l'assenza di sangue sulla scena. Era chiaro che l'omicidio non era avvenuto lì, ma che il corpo era stato trasportato e lasciato in quel luogo dopo essere stato completamente ripulito. Questo dettaglio agghiacciante fece capire subito alla polizia che si trattava di un crimine eseguito con precisione e freddezza.

L'identità della vittima fu confermata poco dopo: era Elizabeth Short, la giovane aspirante attrice che si era trasferita a Los Angeles per realizzare i suoi sogni. Da quel momento, il caso divenne noto come il "Black Dahlia Murder", un nome che avrebbe perseguitato la città per decenni.

La brutalità dell'omicidio e la stranezza della scena portarono immediatamente a un'enorme attenzione mediatica. I giornali di tutto il paese seguirono il caso con morboso interesse, pubblicando dettagli macabri e speculazioni sul passato di Elizabeth. Ma mentre i giornalisti cercavano di scavare nella sua vita, gli investigatori della polizia di Los Angeles e dell'FBI cercavano disperatamente di trovare il colpevole.

La polizia organizzò campi d'indagine in tutta la città e intervistò centinaia di persone nella speranza di trovare indizi. Nelle prime fasi dell'inchiesta, circa 60 persone confessarono l'omicidio, ma fu presto chiaro che nessuno di loro era realmente coinvolto. Molti confessavano solo per attirare l'attenzione, rendendo l'indagine ancora più difficile per gli investigatori.

Uno degli aspetti più misteriosi del caso era l'assenza di indizi chiari. Nonostante l'enorme sforzo investigativo, non emerse mai una pista concreta. Furono interrogate più di 500 persone, ma nessuna portò a una svolta decisiva. Alcuni dei sospettati non erano nemmeno nati al momento dell'omicidio, e molte confessioni risultarono essere semplici tentativi di ingannare la polizia. Questo portò persino a processi contro persone che avevano fuorviato le indagini.

Gli investigatori esaminarono vari sospettati, ma nessuno fu mai formalmente accusato. Tra i nomi che emersero nel corso degli anni, uno dei più discussi fu quello del dottor George Hodel, un medico di Los Angeles che aveva una storia controversa. Alcune teorie suggerivano che fosse lui l'autore dell'omicidio, ma non fu mai provato con certezza. Anni dopo, suo figlio, Steve Hodel, un ex investigatore della polizia, scrisse un libro sostenendo che suo padre fosse effettivamente il killer del Black Dahlia, ma anche queste affermazioni non furono mai confermate dalle autorità.

L'omicidio del Black Dahlia diventò un simbolo del lato oscuro di Hollywood, una città piena di sogni infranti e vite distrutte. Elizabeth Short era diventata una vittima di una brutalità che nessuno riusciva a spiegare, e il suo nome divenne sinonimo di mistero e terrore. Negli anni successivi, il caso ispirò numerosi libri, film e documentari, ma nessuno riuscì a risolvere definitivamente l'enigma di chi avesse ucciso Elizabeth.

Il fascino per il caso del Black Dahlia persiste ancora oggi, un mistero irrisolto che continua a tormentare detective e appassionati di criminologia. Elizabeth Short, con il suo volto triste e la sua storia tragica, rimane una delle figure più iconiche della storia del crimine americano. Forse, il suo assassino non sarà mai scoperto, e il Black Dahlia resterà per sempre uno dei più grandi enigmi della storia criminale.

12. Il Mostro di Atizapán

Andres Mendoza, un nome che oggi evoca terrore e disgusto in Messico, ha vissuto per anni come un uomo qualunque, nascondendo dietro una maschera di normalità una delle menti più spietate del crimine. Nato nel 1949, Mendoza era un semplice macellaio di Atizapán de Zaragoza, una tranquilla città nella periferia di Città del Messico. Ma la sua vita nascondeva un lato oscuro che nessuno, fino al 2021, avrebbe mai potuto immaginare.

La storia di Mendoza inizia a prendere una piega oscura quando, nel maggio del 2021, la moglie di un poliziotto locale, Reyna Gonzalez, scompare improvvisamente. Reyna, 34 anni, viveva una vita tranquilla con suo marito Bruno Portillo, un agente di polizia rispettato nella comunità. Il 14 maggio, però, tutto cambiò. Quella sera, Reyna e Bruno dovevano uscire insieme, ma la donna sembrava svanita nel nulla. Portillo, allarmato, iniziò subito a cercarla, seguendo ogni traccia possibile. Ma il destino lo portò in un luogo che non avrebbe mai immaginato: la casa del vicino, Andres Mendoza.

Mendoza era sempre stato visto come un uomo tranquillo, forse un po' solitario e incline all'alcool. Alcuni vicini lo descrivevano come un uomo strano, sempre ubriaco, che fissava le giovani donne con uno sguardo inquietante, ma nessuno avrebbe mai sospettato cosa stesse realmente accadendo dietro le mura della sua casa. Quando Bruno Portillo arrivò alla porta di Mendoza, sentì un brivido corrergli lungo la schiena. Chiese a Mendoza se avesse visto Reyna, ma Mendoza si rifiutò di aprire la porta. Portillo, determinato, con l'aiuto di altri agenti, riuscì finalmente a entrare in casa. Ciò che trovò all'interno fu peggiore di qualsiasi incubo.

Il corpo di Reyna giaceva lì, smembrato, e la scena del crimine era agghiacciante. Ma questo era solo l'inizio di un orrore che avrebbe scosso la nazione intera. Durante la perquisizione dell'abitazione, la polizia scoprì resti umani di altre nove donne, occultati in vari punti della casa. Nei giorni successivi, l'inchiesta rivelò che Mendoza aveva ucciso molte più persone di quanto inizialmente si pensasse. Nel seminterrato della sua casa, furono trovati parti di corpi, oggetti personali delle vittime e un taccuino con nomi di donne e uomini che Mendoza aveva presumibilmente assassinato.

Durante il suo arresto, Mendoza non mostrò alcun rimorso. In tribunale, disse una frase che ghiacciò il sangue dei presenti: "La donna era bella, così l'ho uccisa." Questa fu la sua spiegazione per l'omicidio di Reyna Gonzalez. Non c'era alcun senso di colpa, nessuna empatia. Mendoza confessò freddamente di aver ucciso Reyna e di aver smembrato il suo corpo con la stessa noncuranza con cui un macellaio avrebbe trattato la carne. Le sue confessioni continuarono a sconvolgere quando ammise di aver ucciso almeno altre cinque persone, sebbene la polizia sospettasse che il numero fosse molto più alto.

Secondo le sue dichiarazioni, Mendoza aveva iniziato a uccidere nel 2001. La sua prima vittima fu una donna di nome Norman, una donna che Mendoza aveva incontrato e sedotto. Da quel momento in poi, la sua sete di violenza crebbe. La sua seconda vittima fu Berenice Sanchez, una donna conosciuta in un bar. Quando Berenice respinse i suoi tentativi di iniziare una relazione, Mendoza la pugnalò al petto, tagliandone poi gli arti. Da quel momento in poi, l'omicidio divenne parte della sua vita. Nel 2016, uccise Flor Vizcaino, una donna di 38 anni, dopo averla incontrata in un altro bar. Ogni omicidio seguiva lo stesso schema: incontro, rifiuto, morte.

Tra le vittime successive di Mendoza c'era Rubicella Castillo, una donna di 32 anni uccisa nel 2019. Anche in questo caso, la donna fu adescata con la promessa di una relazione, solo per poi finire vittima della furia omicida di Mendoza. Oltre a queste, Mendoza confessò anche l'omicidio di altre due donne, Elin e Gardenia, che aveva incontrato nello stesso bar dove trovava molte delle sue prede.

Ciò che sciocco ulteriormente la corte e il pubblico fu la confessione di Mendoza riguardo il cannibalismo. Durante il processo, l'uomo ammise di aver mangiato parti dei corpi delle sue vittime. Ogni sua parola rendeva il quadro ancora più oscuro, rivelando la natura malata e depravata della sua mente. La corte descrisse Mendoza come un "maniaco privo di empatia", un uomo incapace di provare alcun sentimento per le vite che aveva distrutto.

Per la polizia locale, la cattura di Mendoza rappresentò la fine di un incubo che era durato per decenni. Per anni, le donne della zona erano scomparse senza lasciare traccia, ma nessuno aveva mai sospettato che il responsabile fosse il macellaio solitario che viveva tra loro. Mendoza riuscì a sfuggire alla giustizia per così tanto tempo proprio grazie alla sua apparenza di normalità, che gli permetteva di passare inosservato mentre uccideva con brutalità e senza pietà.

Dopo la sua confessione, la polizia passò più di un mese a raccogliere prove nella casa di Mendoza. Il seminterrato, luogo degli orrori, rivelò resti di molte più vittime di quante inizialmente dichiarato. La macabra scoperta di corpi smembrati e ossa nascoste in vari angoli della casa trasformò quella piccola abitazione in un vero e proprio museo dell'orrore.

Il 27 aprile 1998, Mendoza fu processato e condannato a morte per i suoi crimini. Tuttavia, la sentenza non fu eseguita fino al 10 luglio 2008, quando Mendoza fu giustiziato da un plotone di esecuzione. Con la sua morte, il Messico si liberò di uno dei criminali più spietati della sua storia recente, ma il dolore delle famiglie delle sue vittime rimase indelebile.

Andres Mendoza sarà ricordato come il "mostro di Atizapán", un uomo che ha trasformato la sua casa in un luogo di morte e terrore. La sua storia è un monito terribile su come, dietro una facciata di normalità, possano nascondersi i mostri più oscuri.

13. Il Mistero di Jack lo Squartatore

Londra, 1888: una città già oscura e nebbiosa viene scossa da una serie di brutali omicidi che rimarranno per sempre nella storia come uno dei più grandi misteri irrisolti. Il nome del carnefice è diventato sinonimo di terrore: Jack lo Squartatore. Nessuno sa chi fosse realmente, ma i suoi crimini orribili hanno lasciato un'impronta indelebile non solo a Londra, ma in tutto il mondo.

Tutto ebbe inizio nel quartiere di Whitechapel, un'area affollata e povera, popolata da lavoratori, emarginati e prostitute. Era qui che Jack, come una figura demoniaca, scelse le sue vittime. Le sue prede erano principalmente prostitute, donne vulnerabili che cercavano di guadagnare qualcosa nelle strade per sopravvivere. La loro vita, già difficile, fu spezzata in modo terribile da un killer che agiva con una precisione spaventosa, una freddezza quasi sovrumana.

Il primo omicidio attribuito a Jack lo Squartatore avvenne il 31 agosto 1888. La vittima era Mary Ann Nichols, una donna che viveva ai margini della società. Trovata morta in un vicolo di Whitechapel, il suo corpo era stato brutalmente mutilato. Questo delitto scioccò profondamente la comunità, ma nessuno avrebbe potuto immaginare che fosse solo l'inizio di una serie di omicidi che avrebbero scatenato il panico in tutta Londra.

Nel giro di poche settimane, altre quattro donne furono trovate uccise in modo simile: Annie Chapman, Elizabeth Stride, Catherine Eddowes e infine Mary Jane Kelly, la più giovane delle vittime. I loro corpi erano sempre mutilati, con tagli profondi e precisione quasi chirurgica. Gli organi interni venivano spesso rimossi, e la violenza con cui erano state uccise suggeriva una mente malata e perversa. La polizia, i medici e persino i giornalisti iniziarono a cercare risposte, ma il mistero divenne sempre più intricato.

Il nome Jack lo Squartatore nacque da una lettera inviata alla polizia, presumibilmente dallo stesso assassino. In quella lettera, Jack si vantava dei suoi omicidi e minacciava di continuare a uccidere. Sebbene ci siano dubbi sull'autenticità di quella lettera, il nome "Jack the Ripper" rimase impresso nell'immaginario collettivo. La stampa dell'epoca colse al volo questa figura enigmatica e alimentò il terrore con titoli sensazionalistici, descrivendo Jack come un mostro, mezzo uomo e mezzo demone, capace di agire con una freddezza disumana.

Ogni omicidio portava con sé un'ondata di paura crescente. Il quartiere di Whitechapel divenne il centro di un'indagine frenetica. La polizia di Londra, sotto pressione per trovare il colpevole, interrogò centinaia di persone, soprattutto prostitute e residenti della zona. Tuttavia, nonostante gli sforzi, Jack sembrava sfuggire a qualsiasi tentativo di cattura. Le testimonianze erano vaghe e spesso contraddittorie, e il killer sembrava svanire nell'ombra dopo ogni crimine.

Uno dei primi sospettati fu un uomo noto come il "macellaio con il grembiule di cuoio", descritto come una figura inquietante che si aggirava per le strade di Whitechapel. Alcuni testimoni lo indicavano come l'assassino, ma la polizia, temendo che si trattasse di un uomo di origine ebraica, evitò di arrestarlo, temendo che ciò avrebbe potuto scatenare rivolte antisemite nella città. Alla fine, questa pista si rivelò essere un vicolo cieco.

Il 1 ottobre 1888, il giornale The Star riportò che Jack aveva colpito di nuovo. Questa volta, due donne erano state uccise nella stessa notte. Il doppio omicidio scatenò una vera e propria ondata di panico, non solo a Londra, ma in tutto il mondo. Anche la regina Vittoria fu colpita dalla brutalità di questi omicidi. Preoccupata per la sicurezza della sua capitale, la regina ordinò l'aumento delle pattuglie di polizia e la presenza di spie in tutta la zona di Whitechapel.

Per un breve periodo, sembrò che Jack avesse smesso di uccidere. La tensione in città rimase alta, ma il silenzio del killer durò solo un mese. Nell'ottobre del 1888, Jack tornò a colpire. La sua ultima vittima conosciuta fu Mary Jane Kelly, una giovane di 25 anni trovata morta nel suo appartamento. Il suo corpo era stato ridotto a brandelli in un modo che nessuno, nemmeno i medici legali più esperti, avevano mai visto. La scena del crimine era talmente orribile che la proprietaria della casa, vedendo il corpo, esclamò: "Questo non è il lavoro di un uomo, ma di un diavolo!"

Dopo l'omicidio di Mary Jane Kelly, Jack lo Squartatore scomparve come era apparso: senza lasciare traccia. Nessun altro omicidio simile fu registrato, e nonostante le numerose indagini, il mistero rimase insoluto. Molti sospetti furono arrestati e interrogati, ma nessuno fu mai accusato con certezza. Alcuni credevano che Jack fosse un medico, viste le abilità con cui mutilava i corpi. Altri pensavano fosse un macellaio, un uomo abituato a trattare corpi con quella precisione. Ma la verità non venne mai a galla.

Jack lo Squartatore divenne una figura leggendaria, alimentata dalla paura e dall'ignoranza dell'epoca. Il suo volto non fu mai visto, e la sua identità non fu mai rivelata. Questo mistero insoluto lo ha reso una delle figure più studiate e discusse nella storia dei crimini. Molti libri, film e persino videogiochi hanno raccontato la sua storia, immaginando diverse versioni della sua vita e dei suoi crimini. Ma nessuno sa con certezza chi fosse veramente Jack lo Squartatore.

Il caso di Jack lo Squartatore resta uno dei più grandi enigmi della storia criminale. Anche se non ci sono stati altri omicidi simili, il suo nome evoca ancora oggi paura e fascino. È diventato un simbolo del male nascosto nelle ombre della città, un mostro che ha seminato terrore in un'epoca già segnata da povertà e disperazione. La sua capacità di eludere la giustizia e di scomparire senza lasciare traccia lo rende uno dei killer più misteriosi e spaventosi di sempre.

14. Il Dottor Morte

Harold Shipman, conosciuto come "Doctor Death" o "L'Angelo della Morte, è stato uno dei più spietati serial killer della storia moderna. Dietro la sua immagine di medico rispettato, si celava un uomo che ha sfruttato la fiducia dei suoi pazienti per compiere una lunga serie di omicidi, avvelenando le sue vittime con un'overdose di oppiacei. Tra il 1972 e il 1998, Shipman ha ucciso oltre 250 persone, la maggior parte delle quali erano donne anziane. La sua storia, che ha sconvolto l'Inghilterra e il mondo intero, ci ricorda quanto possa essere pericoloso l'abuso di potere, soprattutto quando si cela dietro una maschera di professionalità e cura.

Nato il 14 gennaio 1946 a Nottingham, in Inghilterra, Harold Shipman sembrava destinato a una vita ordinaria. Era il secondo di quattro figli e cresciuto in una famiglia modesta. Sua madre, Vera, giocò un ruolo fondamentale nella sua vita e nella sua crescita. Vera era una donna autoritaria, estremamente protettiva e molto legata al figlio, e questa relazione influenzò profondamente la personalità di Harold. Quando Harold era ancora giovane, sua madre si ammalò gravemente di cancro ai polmoni. Fu durante il trattamento del dolore di Vera che Harold venne esposto per la prima volta alla morfina, l'oppioide che veniva somministrato a sua madre per alleviarne le sofferenze. Il giovane Harold osservava impotente mentre sua madre si spegneva lentamente. La morfina, sebbene desse sollievo temporaneo, non poté salvarla. La morte di Vera nel 1963 fu un trauma che segnò profondamente Harold, e molti credono che sia stato l'evento scatenante della sua futura carriera di omicida.

Nel 1970, Shipman si laureò in medicina e iniziò la sua pratica come medico generico. Apparentemente era un uomo gentile, premuroso, qualcuno a cui ci si poteva affidare. I suoi pazienti lo adoravano, e la comunità di Hyde, nella Greater Manchester, lo vedeva come un professionista impeccabile. Ma dietro la sua facciata di rispettabilità, Harold Shipman stava già iniziando a compiere i suoi primi delitti. La sua prima vittima fu una donna di 72 anni, avvelenata con una dose letale di oppiacei nel 1970. Questo era solo l'inizio.

Nel corso degli anni, Shipman affinò il suo metodo. Scelse principalmente donne anziane, pazienti fragili e vulnerabili che si fidavano completamente di lui. Le sue vittime erano spesso persone sole, che vedevano in Shipman una figura di riferimento, qualcuno che si prendeva cura di loro negli ultimi anni della loro vita. La strategia del dottore era semplice quanto crudele: iniettava alle sue vittime una dose letale di morfina o dioppiacei, droghe potenti che causavano la morte apparentemente per cause naturali. Harold si assicurava poi che i certificati di morte riflettessero cause di decesso naturali, in modo da non sollevare sospetti. Partecipava persino ai funerali delle sue vittime, mostrandosi come un medico affranto dalla perdita di quei pazienti che tanto amava.

L'intelligenza di Harold Shipman e la sua conoscenza medica gli permisero di continuare indisturbato per decenni. Le sue vittime, anziane e malate, raramente destavano sospetti. Per le famiglie, la morte di una madre o di una nonna anziana era vista come qualcosa di inevitabile, e nessuno avrebbe mai potuto immaginare che il loro stesso medico fosse l'artefice di quella tragedia. Tuttavia, l'avidità e l'arroganza di Shipman lo portarono infine a commettere errori che lo avrebbero tradito.

Il 24 giugno 1998, Kathleen Grundy, una donna di 81 anni e rispettata ex sindaca di Hyde, fu trovata morta nella sua casa. Anche in questo caso, Shipman dichiarò che la morte era avvenuta per cause naturali, ma questa volta la figlia di Kathleen, Angela Woodruff, non era convinta. Quando Angela scoprì che sua madre aveva lasciato la maggior parte dei suoi beni, del valore di circa 386.000 sterline, a Shipman nel testamento, si insospettì. Woodruff, che era avvocatessa, sapeva che sua madre non avrebbe mai fatto una cosa simile, e così contattò la polizia.

L'indagine sulla morte di Kathleen Grundy portò a scoprire un orrore senza precedenti. La polizia riesumò il corpo della donna e trovò tracce di morfina nel suo sistema. A quel punto, Shipman venne arrestato, e durante le perquisizioni nella sua clinica e nella sua abitazione, gli investigatori trovarono prove schiaccianti: documenti falsificati, farmaci che non avrebbero dovuto essere in suo possesso e registrazioni dettagliate dei decessi. Shipman cercò di difendersi, ma i fatti erano inconfutabili.

Le indagini rivelarono che Shipman aveva ucciso almeno 15 pazienti in modo simile, ma si sospetta che il numero reale delle sue vittime fosse ben più alto, probabilmente oltre 250 persone. La sua strategia era sempre la stessa: somministrava una dose letale di morfina, falsificava i certificati di morte e poi partecipava ai funerali delle sue vittime, mantenendo la sua immagine di medico premuroso.

Nel gennaio 2000, Harold Shipman fu condannato a ergastolo per i suoi crimini, senza possibilità di libertà condizionale. Tuttavia, il suo capitolo finale fu altrettanto oscuro quanto la sua vita criminale. Il 13 gennaio 2004, alla vigilia del suo 58° compleanno, Shipman si impiccò nella sua cella. Aveva pianificato il suicidio con cura, e si dice che l'abbia fatto per garantire che sua moglie, Primrose Shipman, potesse ricevere la pensione di 100.000 sterline.

La sua morte non portò sollievo alle famiglie delle sue vittime. Shipman se n'era andato senza mai mostrare alcun rimorso, senza mai ammettere fino in fondo l'entità dei suoi crimini. Il suo suicidio lasciò molte domande senza risposta, ma ciò che è certo è che Harold Shipman, il "Dottor Morte", resterà per sempre uno dei serial killer più prolifici e inquietanti della storia.

Il caso di Shipman ha avuto un impatto profondo sul sistema sanitario britannico. Le sue azioni portarono a una revisione dei processi di certificazione dei decessi e a un maggiore controllo sull'operato dei medici. Ma il suo nome rimane un monito per il mondo intero: anche le persone di cui ci fidiamo di più possono rivelarsi i peggiori mostri.

15. Il Mistero degli Omicidi

Nel dicembre del 1991, la città di Austin, in Texas, fu scossa da un crimine brutale e incomprensibile che ha lasciato un marchio indelebile nella memoria collettiva. Quattro giovani ragazze furono assassinate in modo spietato in uno yogurt shop locale, un delitto che, nonostante gli sforzi delle autorità locali e persino del potente FBI, rimane irrisolto dopo oltre trent'anni. Questo è il tragico racconto di un crimine che ha sfidato ogni tentativo di giustizia e ha lasciato una città intera senza risposte.

Era il 6 dicembre 1991 quando la polizia di Austin ricevette una chiamata di emergenza che segnalava un incendio in un famoso yogurt shop del centro città. Quando gli agenti arrivarono sul posto, furono accolti da una scena agghiacciante: il negozio in fiamme e all'interno, i corpi di quattro giovani ragazze brutalmente uccise. Si trattava di Amy Ayers, 13 anni, Eliza Thomas, 17 anni, Sarah Harbison, 15 anni, e sua sorella Jennifer Harbison, 17 anni. Le ragazze erano state legate e poi fucilate alla testa. Due di loro erano anche state vittime di violenza sessuale.

Il crimine, avvenuto in modo così misterioso e crudele, fece rapidamente il giro di tutto lo stato, sconvolgendo la comunità e innescando una massiccia indagine da parte della polizia locale e del dipartimento di polizia di Austin. Gli investigatori scoprirono che, la sera dell'omicidio, due uomini erano stati visti entrare nel negozio e avevano usato due pistole diverse per uccidere le ragazze. Tuttavia, nonostante la quantità di prove raccolte sulla scena, trovare i colpevoli si rivelò un compito impossibile.

Le indagini proseguirono senza sosta per mesi. L'intera città era sotto shock, e la pressione sulla polizia per risolvere il caso aumentava di giorno in giorno. Si formarono squadre investigative speciali, e alla fine, quattro sospetti furono arrestati: Robert Springsteen, Michael Scott, Morris Pierce e Forrest Wellburn. Tutti loro vennero collegati al crimine grazie a prove circostanziali e alcune testimonianze. Durante le perquisizioni, una pistola calibro .22 fu trovata in possesso di Morris Pierce, e fu scoperto che il proiettile che aveva ucciso una delle ragazze proveniva proprio da quell'arma. Sembrava finalmente che la giustizia fosse vicina.

Tuttavia, quando il caso arrivò in tribunale, la situazione cambiò drasticamente. Le prove raccolte si rivelarono insufficienti e frammentarie, e non furono abbastanza solide per ottenere una condanna definitiva. La polizia, sotto la pressione dell'opinione pubblica, aveva agito in fretta, e il caso si stava sgretolando davanti agli occhi dei pubblici ministeri. I sospetti, tra cui Robert e Michael, furono sottoposti a duri interrogatori e, alla fine, confessarono il crimine. Tuttavia, durante il processo, i loro avvocati difensori sostennero che le confessioni erano state estorte sotto coercizione, e che la polizia aveva abusato dei suoi poteri. Le confessioni vennero così ritenute inaffidabili, e nel 2009, entrambi gli uomini vennero prosciolti dalle accuse.

Questo fu un duro colpo per le famiglie delle vittime e per l'intera città. Nessuno poteva credere che, nonostante le prove e le confessioni, i responsabili potessero essere liberati. La polizia di Austin, dopo anni di tentativi falliti di ottenere una condanna, si trovava senza una direzione chiara. A quel punto, la FBI fu coinvolta nel caso e iniziò un'indagine ancora più approfondita, cercando di utilizzare le tecniche più moderne disponibili all'epoca, come i test del DNA. Fu prelevato il DNA da circa 100 persone che si trovavano nei dintorni dello yogurt shop il giorno del crimine. Uno di questi campioni di DNA trovò una corrispondenza con un campione prelevato da una delle vittime.

Tuttavia, anche questa speranza fu delusa. Il DNA non corrispondeva a nessuno dei quattro sospetti originari. La frustrazione crebbe, e le famiglie delle vittime iniziarono a perdere fiducia nella giustizia. Nonostante il coinvolgimento della FBI e l'uso delle più avanzate tecnologie investigative, il caso rimase un enigma irrisolto.

Nel 2020, la FBI riprese in mano il caso, cercando di analizzare le prove con tecnologie ancora più avanzate. In totale, furono esaminate 25 nuove prove, ma non emerse nulla di concreto che potesse portare a una svolta. La città di Austin, nel frattempo, era cambiata radicalmente dai giorni del 1991, e l'atmosfera di terrore che aveva dominato in quegli anni si era dissolta nel tempo. Tuttavia, per le famiglie di Amy, Eliza, Sarah e Jennifer, il dolore restava lo stesso, e l'assenza di giustizia era un peso insopportabile.

L'irrisolto "Yogurt Shop Murders" è diventato un caso leggendario nella storia criminale degli Stati Uniti, e un simbolo della difficoltà di ottenere giustizia anche quando sembrano esserci prove schiaccianti. Le domande restano: chi ha veramente ucciso quelle quattro ragazze? Perché, dopo oltre trent'anni, la verità non è ancora emersa?

Forse, un giorno, con nuove tecnologie e metodi investigativi, emergerà finalmente la verità. Ma per ora, il caso resta avvolto nel mistero, e le famiglie delle vittime continuano a cercare risposte che potrebbero non arrivare mai.

16. Il Colpo del Secolo

Nel 2003, mentre l'Iraq si trovava sull'orlo del caos a causa dell'imminente invasione americana, la più grande rapina bancaria della storia ebbe luogo nel cuore di Baghdad, lasciando il mondo intero sbalordito. Senza alcuna violenza, senza un solo sparo, solo un biglietto fu sufficiente per far svanire quasi un miliardo di dollari dalla Banca Centrale dell'Iraq. Un colpo tanto audace quanto inimmaginabile, orchestrato non da comuni criminali, ma dal figlio del presidente dell'Iraq, Saddam Hussein.

L'aria a Baghdad era densa di tensione. Le truppe americane si stavano preparando ad invadere il Paese e l'instabilità politica cresceva ogni giorno di più. La popolazione irachena viveva nel terrore del regime di Saddam Hussein e dei disastri imminenti. Le sanzioni economiche imposte dagli Stati Uniti e dalle Nazioni Unite avevano portato l'Iraq in una situazione di crisi economica, con la fame e la povertà che imperversavano. In questo clima, il 18 marzo 2003, un evento senza precedenti scosse l'intera nazione e il mondo intero.

Era un giorno come tanti nella Banca Centrale dell'Iraq, il cuore finanziario del Paese. Gli impiegati, ignari di ciò che sarebbe successo, svolgevano le loro mansioni quotidiane. Poco dopo l'apertura della banca, un gruppo di uomini entrò nei suoi uffici centrali. Tra di loro c'era un individuo che portava con sé un semplice pezzo di carta, un biglietto che avrebbe cambiato tutto.

Il biglietto, consegnato direttamente all'amministratore della banca, conteneva un ordine apparentemente ineluttabile. Vi si leggeva che, a causa della minaccia imminente di un attacco americano, Saddam Hussein ordinava che tutti i fondi presenti nella Banca Centrale fossero trasferiti in un luogo sicuro. L'amministratore, il volto pallido e sudato, sapeva bene cosa significava ignorare un ordine del presidente. Nessuno avrebbe osato mettere in dubbio la legittimità di quel messaggio.

Senza perdere tempo, e paralizzato dalla paura del regime di Saddam, l'amministratore autorizzò immediatamente l'inizio del trasferimento dei fondi. Nel giro di pochi minuti, la banca si trasformò in un formicaio. Tre grandi camion furono parcheggiati all'esterno della banca, pronti a caricare il denaro. Per cinque lunghe ore, gli uomini lavorarono senza sosta per riempire quei camion con scatole e sacchi pieni di denaro. Tuttavia, nonostante il loro sforzo, il denaro era talmente tanto che non bastava lo spazio nei camion. Ciò che rimase, fu lasciato indietro senza nemmeno guardarsi indietro. Poi, senza clamore, i camion si allontanarono tranquillamente.

Solo qualche ora dopo, il personale della banca si rese conto di ciò che era accaduto. La consapevolezza che nessun ordine del genere fosse stato emesso realmente da Saddam Hussein iniziò a diffondersi tra i dipendenti. Era chiaro: una rapina colossale era stata appena compiuta, proprio sotto i loro occhi, senza una sola arma o un atto di violenza. La domanda, però, rimaneva: chi aveva orchestrato questo furto geniale?

Le indagini portarono rapidamente ad un nome che fece gelare il sangue a tutti: Qusay Hussein, il figlio minore di Saddam Hussein. Considerato uno dei principali eredi del regime, Qusay aveva approfittato della sua posizione di potere per pianificare e realizzare il furto più grande della storia. La sua influenza gli permise di entrare e uscire dalla banca senza sollevare sospetti, e di svuotare le casse della nazione in pieno giorno.

L'audacia e la semplicità del colpo lasciarono il mondo senza parole. Mai prima d'ora una rapina di tale portata era stata effettuata con tanta facilità. Senza l'uso di armi, senza minacce, senza spargimento di sangue. Solo un biglietto e la paura del regime erano bastati per rendere possibile il furto del secolo.

Quando il furto venne alla luce, il mondo intero rimase sconvolto. La somma rubata ammontava a quasi un miliardo di dollari, una cifra che lasciò tutti senza parole. Nessun'altra rapina bancaria nella storia aveva mai raggiunto cifre simili. Ma la vera incredulità venne dal modo in cui fu compiuta: senza violenza, solo con una menzogna ben studiata e l'autorità di un nome temuto da tutti.

Nonostante il clamore internazionale, gran parte del denaro rubato non fu mai recuperato. Mentre Saddam Hussein cadeva e il regime crollava con l'invasione americana, Qusay Hussein morì pochi mesi dopo, ucciso durante un raid delle forze statunitensi insieme al fratello maggiore, Uday Hussein. Con la loro morte, molte delle risposte riguardo a quel furto andarono perse per sempre.

L'enorme furto della Banca Centrale dell'Iraq fu inserito nel Guinness dei Primati come la più grande rapina bancaria della storia. È un esempio di come il potere, la paura e l'inganno possano manipolare le istituzioni più forti di un Paese e derubare un'intera nazione senza sparare un solo colpo.

Oggi, quel crimine rimane uno degli eventi più singolari e controversi mai accaduti nel mondo finanziario, e il mistero di dove sia finito quel denaro continua a intrigare storici e investigatori.

17. Il Re della Cocaina

Pablo Emilio Escobar Gaviria è stato uno dei più famigerati e potenti criminali della storia moderna. Nato nella città di Rionegro, in Colombia, il 1° dicembre 1949, Escobar crebbe in una famiglia povera, e la mancanza di opportunità lo spinse verso il mondo del crimine. Quello che iniziò come un giovane malvivente impegnato in piccoli furti e contrabbando si trasformò nel più grande trafficante di droga che il mondo abbia mai conosciuto. Nei suoi anni di massimo potere, Pablo controllava l'80% del traffico globale di cocaina, guadagnando miliardi di dollari e seminando il terrore in Colombia.

Fin dall'infanzia, Pablo mostrò una personalità ambiziosa e risoluta. La povertà della sua famiglia lo spingeva a cercare un modo per uscire dalla miseria. Da giovane, si dedicava a piccoli crimini, come rubare lapidi dai cimiteri e rivenderle. Tuttavia, il salto decisivo verso il mondo del crimine organizzato avvenne quando iniziò a contrabbandare sigarette e marijuana, attività che presto si trasformarono nel traffico di cocaina.

Il primo grande colpo di Escobar arrivò all'età di vent'anni, quando rapì un importante dirigente di Medellín, chiedendo un riscatto di un milione di dollari. Con questa operazione, Pablo accumulò una somma considerevole, che gli permise di avvicinarsi ai grandi nomi del narcotraffico colombiano. Fu a Medellín, una città che sarebbe diventata la sua roccaforte, che Pablo iniziò a costruire il suo impero. Nel 1976, a soli 26 anni, uccise uno dei principali boss della droga di Medellín, aprendo così la strada al suo ingresso nel commercio di cocaina.

La cocaina divenne presto il fulcro del suo impero. Escobar si serviva di metodi innovativi per contrabbandarla negli Stati Uniti, il mercato principale. Iniziò nascondendo la droga nei pneumatici degli aerei, pagando i piloti fino a 500.000 dollari per ogni volo di contrabbando. La cocaina era nascosta in modo ingegnoso, e Pablo riusciva a far entrare diverse tonnellate di droga al giorno negli Stati Uniti. Suo fratello, Roberto Escobar, nel libro "The Accountant's Story", racconta come Pablo accumulava così tanto denaro che ogni giorno spendeva migliaia di dollari solo in elastici per legare le mazzette di banconote. Le sue ricchezze erano così spropositate che, secondo quanto raccontato, una parte del denaro veniva persa perché i ratti lo mangiavano.

Escobar viveva nel lusso più sfrenato. Possedeva ville in tutto il mondo, flotte di automobili e persino uno zoo privato nella sua tenuta chiamata "Hacienda Nápoles", una proprietà di 5000 acri in Colombia. La sua tenuta era equipaggiata con ogni tipo di stravaganza: piscine, piste d'atterraggio private e animali esotici importati dall'Africa. Il suo stile di vita lussuoso divenne leggendario, ma con esso arrivarono anche la violenza e il terrore.

Nonostante la sua ricchezza e potere, Pablo Escobar sognava di diventare una figura politica di rilievo. Il suo obiettivo era di entrare nel governo colombiano e, in un'occasione, cercò di candidarsi al Parlamento. Nel 1986, fece un'offerta sorprendente: era disposto a pagare l'intero debito nazionale della Colombia, che ammontava a 10 miliardi di dollari, in cambio dell'immunità dai crimini legati al narcotraffico. Questa proposta non solo mise in allarme il governo colombiano, ma attirò anche l'attenzione degli Stati Uniti.

Escobar aveva un solo motto nei confronti delle autorità: "Plata o plomo" — o accetti una tangente (plata) o prendi un proiettile (plomo). Questa filosofia lo rese uno degli uomini più temuti in Colombia. Chiunque si mettesse sulla sua strada, dai giudici ai poliziotti, veniva eliminato. Si stima che sotto il suo comando furono uccisi migliaia di persone. Medellín divenne tristemente nota come la capitale mondiale degli omicidi, con Escobar che orchestrava attentati e omicidi su vasta scala.

Nonostante la sua reputazione di criminale spietato, Escobar era visto da molti come una figura di Robin Hood. Distribuiva denaro ai poveri, costruiva scuole, ospedali e persino chiese. A Medellín, molti lo consideravano un eroe, il salvatore dei poveri. Questo contribuì a rendere difficile per le autorità catturarlo, poiché la sua rete di sostenitori lo proteggeva e gli forniva informazioni.

La sua ascesa al potere, però, non poteva durare per sempre. A causa della crescente pressione internazionale, in particolare dagli Stati Uniti, Escobar fu costretto a negoziare la sua resa con il governo colombiano nel 1991. In cambio di una pena detentiva ridotta, Escobar accettò di essere rinchiuso in una prigione che si era fatto costruire da solo, La Catedral, una struttura lussuosa che era più una villa che una prigione. Qui, viveva con ogni tipo di comodità e continuava a gestire il suo impero criminale dall'interno delle sue mura dorate.

Tuttavia, nel 1992, le autorità colombiane, stanche delle sue continue attività criminali, decisero di trasferirlo in una vera prigione. Escobar, sapendo che il suo regno di potere stava per finire, fuggì e iniziò una lunga latitanza. Per mesi, fu braccato dalle autorità colombiane e dall'unità speciale degli Stati Uniti, la Search Bloc.

La caccia a Pablo Escobar si concluse il 2 dicembre 1993, quando fu rintracciato a Medellín. Durante un'operazione di polizia, Pablo cercò di fuggire sui tetti, ma fu colpito e ucciso da un colpo di arma da fuoco. La sua morte segnò la fine di un'era di terrore in Colombia, ma anche l'inizio di una leggenda. Al suo funerale parteciparono 25.000 persone, molte delle quali lo consideravano ancora un eroe.

Pablo Escobar rimane una figura controversa: per alcuni era un criminale senza scrupoli, per altri un benefattore dei poveri. La sua storia è un esempio di come potere e ricchezza possano corrompere, ma anche di come un uomo possa affascinare una nazione, nonostante la sua terribile eredità di violenza e sangue.

18. Il Misterioso Killer Zodiac

Il Killer dello Zodiaco è uno dei casi criminali più inquietanti e affascinanti della storia degli Stati Uniti. Tra il 1960 e il 1970, questo spietato assassino ha terrorizzato la California del Nord, commettendo almeno cinque omicidi, anche se lui stesso ha affermato di averne compiuti ben 37. Il suo modus operandi non era solo brutale, ma anche subdolo: dopo ogni omicidio, il Killer Zodiac inviava lettere alla polizia e ai giornali locali, vantandosi dei suoi crimini e includendo dettagli raccapriccianti che solo l'assassino avrebbe potuto conoscere.

Le sue lettere, criptate e piene di simboli astrologici, contenevano enigmi complessi che sfidavano la polizia e il pubblico. Questo killer sembrava godere nel giocare con la mente degli investigatori, trasformando il suo macabro gioco di morte in una sfida intellettuale. Fino ad oggi, il Killer dello Zodiaco non è mai stato catturato, rimanendo una figura sfuggente e misteriosa, capace di eludere la giustizia per decenni.

Tutto ebbe inizio nel 1968, quando la prima coppia fu uccisa nei pressi di Vallejo, in California. Le vittime, Betty Lou Jensen e David Faraday, furono trovate crivellate di colpi nella loro auto. Da subito, fu chiaro che l'assassino agiva con precisione e spietatezza. Poco dopo, il Killer dello Zodiaco inviò la sua prima lettera, in cui confessava l'omicidio e descriveva dettagliatamente l'accaduto. Nella lettera, affermava di voler "giocare" con la polizia e che ogni omicidio futuro sarebbe stato un enigma da risolvere.

Il vero terrore, però, cominciò quando il Killer iniziò a includere pezzi insanguinati di vestiti delle sue vittime nelle lettere inviate ai giornali. Questo era il suo modo per dimostrare che non mentiva, che era davvero lui l'autore degli omicidi. Una delle lettere più famose fu quella inviata nel 1974, in cui ammise di aver ucciso 37 persone. Tuttavia, la polizia poté confermare solo cinque di questi omicidi.

La seconda vittima, Darlene Ferrin, venne uccisa insieme al suo amico Michael Mageau, ma Michael riuscì miracolosamente a sopravvivere, fornendo alla polizia una descrizione parziale dell'assassino: un uomo bianco, robusto e con gli occhiali. Questo non bastò per identificare il killer, ma la descrizione rimase uno dei pochi dettagli noti su di lui.

Ciò che rendeva il Killer Zodiac così terrificante era la sua capacità di sfuggire alla cattura. Il suo vero nome non è mai stato scoperto, e nonostante l'FBI e la polizia di San Francisco abbiano investigato per anni, il Killer dello Zodiaco ha sempre giocato d'anticipo, lasciando tracce confuse e ingannando gli investigatori con i suoi messaggi criptati.

Le sue lettere erano composte da complessi messaggi cifrati, che sfidavano i crittografi più esperti. Uno dei più famosi fu un messaggio di 340 caratteri, inviato nel 1969 ai media e alla polizia. In questo messaggio, il Killer dichiarava la sua sete di sangue e come trovava soddisfazione nel terrorizzare la popolazione. Solo nel 2020, una squadra di crittografi, composta dall'americano David Oranchak, dall'australiano Sam Blake e dal belga Jarl Van Eycke, riuscì finalmente a decifrare il codice. Nel messaggio, il Killer scriveva: "Penso che vi stiate divertendo troppo a cercare di catturarmi. Non sono quello che dicono di me nei programmi TV. Non ho paura della camera a gas, perché mi manderà in paradiso più velocemente." La frase "in paradiso" conteneva un errore ortografico, lasciando spazio a interpretazioni. Questo messaggio, seppur decifrato, non forniva alcun dettaglio su chi fosse realmente il killer.

Uno degli aspetti più inquietanti della personalità del Killer Zodiac era la sua apparente mancanza di paura. Si vantava di sfuggire sempre alla cattura, raccontando nelle lettere episodi in cui la polizia era stata sul punto di prenderlo, ma lui era riuscito a ingannarli. In una lettera, ammise di aver fornito informazioni false alla polizia su un uomo armato, il che permise a lui stesso di scappare indisturbato.

Il principale sospettato del caso era un uomo di nome Arthur Leigh Allen, un ex insegnante che aveva una storia di comportamenti inquietanti e che corrispondeva alla descrizione del killer fornita da alcuni testimoni. Tuttavia, nonostante i sospetti su Allen fossero numerosi, la polizia non riuscì mai a trovare prove concrete che lo collegassero direttamente agli omicidi. La mancanza di prove, unita all'abilità del Killer nel nascondere le sue tracce, lasciò gli investigatori frustrati.

Col passare degli anni, il caso del Killer dello Zodiaco divenne sempre più un mistero. La polizia continuava a seguire piste e indizi, ma ogni tentativo di catturarlo si rivelava vano. Gli investigatori credevano che forse ci fosse un secondo uomo coinvolto nei crimini, ma nessuno riuscì mai a identificare questa presunta seconda persona.

Nonostante i decenni trascorsi, il Killer dello Zodiaco continua a suscitare interesse e fascino. La sua figura rimane un enigma, e la mancanza di una soluzione definitiva al caso ha lasciato un segno indelebile nella storia dei serial killer. La paura che instillò nella popolazione di San Francisco e della California del Nord durante gli anni '60 e '70 non è mai stata dimenticata.

Mentre molte persone pensano che il Killer dello Zodiaco sia ormai morto, il suo nome rimane sinonimo di terrore e mistero irrisolto. Le sue lettere, decifrate ma non del tutto comprese, sono una testimonianza della sua intelligenza contorta e della sua voglia di giocare con la mente della polizia e del pubblico. Il caso del Killer Zodiac rimane uno dei più grandi enigmi criminali della storia americana, e il fatto che nessuno sia mai stato assicurato alla giustizia rende questa vicenda ancora più tragica per le vittime e le loro famiglie.

Oggi, a distanza di oltre cinquant'anni, il Killer dello Zodiaco resta una delle figure più enigmatiche e inquietanti nella storia dei crimini non risolti.

19. Il Culto del Terrore

Charles Manson è stato uno dei criminali più spietati e temuti del XX secolo, un personaggio che ha incarnato il male e la follia in modi che hanno sconvolto l'America e il mondo intero. Nato il 12 novembre 1934 a Cincinnati, Ohio, Charles ebbe un'infanzia travagliata e un'esistenza segnata dalla criminalità fin dalla giovane età. Suo padre era assente, e sua madre, una sedicenne incapace di prendersi cura di lui, lo abbandonò più volte. Così, Charles fu costretto a crescere tra parenti e in case di correzione per minori.

La criminalità divenne la sua via d'uscita, e già a 13 anni venne arrestato per aver rubato armi. Passò gran parte della sua giovinezza entrando e uscendo dal carcere, commettendo piccoli crimini, ma la sua vera trasformazione avvenne quando venne imprigionato a McNeil Island, Washington. Qui, Charles non solo si immerse nella droga, ma si diede anche alla musica, desiderando diventare una rock star. La musica divenne una parte cruciale della sua identità, ma presto venne consumato da un altro tipo di sogno: creare un culto e diffondere il suo messaggio di violenza e odio.

Nel 1967, uscito di prigione, Charles iniziò a reclutare giovani, soprattutto donne, attratte dal suo carisma e dalle sue idee ribelli. Li convinse che lui fosse una sorta di messia, una reincarnazione di Gesù Cristo, e che avrebbe guidato una guerra razziale che avrebbe portato alla fine del mondo. Manson parlava spesso di un'apocalisse, da lui chiamata Helter Skelter, un nome ispirato a una canzone dei Beatles che egli interpretava come una profezia.

Il suo "culto", conosciuto come la Manson Family, si stabilì a San Francisco, dove vivevano in una comune dedita all'uso di droghe e alla promiscuità sessuale. Manson sfruttava la vulnerabilità dei giovani e li manipolava con le sue teorie deliranti. La sua abilità di persuasione era talmente potente che riuscì a convincerli a commettere omicidi in suo nome.

Il 8 e 9 agosto 1969, Charles ordinò ai suoi seguaci di compiere una serie di brutali omicidi che sconvolsero l'America. Tra le vittime c'era l'attrice di Hollywood Sharon Tate, allora incinta di otto mesi e moglie del regista Roman Polanski. La notte del massacro, Sharon e quattro suoi amici, tra cui la celebrità Jay Sebring, furono massacrati nella loro villa a Los Angeles. I membri della Manson Family uccisero Sharon con numerose coltellate, nonostante le sue suppliche di risparmiare la vita del suo bambino. I carnefici, dopo aver compiuto l'orribile crimine, scrissero con il sangue delle vittime la parola "pig" (maiale) sul muro, in un macabro rituale che seminò il terrore.

Il giorno successivo, la furia della Manson Family non si fermò. Un'altra coppia, Leno e Rosemary LaBianca, fu assassinata nella propria casa. Anche in questo caso, i seguaci di Manson usarono il sangue delle vittime per scrivere sulle pareti messaggi come "Death to pigs". Questi omicidi insensati e ritualizzati resero Manson e il suo culto famosi in tutto il mondo, e il loro nome divenne sinonimo di crudeltà e follia.

Manson non partecipò fisicamente agli omicidi, ma era lui a orchestrare tutto. Attraverso la sua influenza mentale, manipolò i suoi seguaci affinché commettessero questi atti brutali in suo nome. Per la polizia, catturare Charles e la sua banda divenne una priorità assoluta. Dopo una lunga caccia, la polizia arrestò Manson e diversi membri della sua "famiglia".

Il processo contro Charles Manson fu uno degli eventi più seguiti della storia americana. Durante il processo, Manson continuò a mostrare un comportamento disturbato. Appariva spesso in aula con un ghigno inquietante, e una svastica incisa sulla fronte, simbolo della sua adesione a un culto dell'odio e della violenza. La sua presenza era talmente agghiacciante che molti lo vedevano come la personificazione del male. Nonostante cercasse di difendersi, dicendo che non aveva materialmente commesso gli omicidi, la corte lo ritenne comunque responsabile degli omicidi orchestrati.

Il giudice che lo condannò, durante la sentenza, disse: "I crimini di Charles Manson superano qualsiasi immaginazione e comprensione umana. La sua crudeltà non ha limiti." Fu condannato alla pena di morte, ma nel 1972 la California abolì temporaneamente la pena capitale, e la sua sentenza fu commutata in ergastolo. Durante tutto il processo e negli anni successivi in carcere, Manson non mostrò mai alcun segno di rimorso.

La Manson Family, composta principalmente da giovani donne e uomini che lo vedevano come una guida spirituale, fu disgregata. Molti dei suoi seguaci, tra cui Susan Atkins, Patricia Krenwinkel e Leslie Van Houten, furono condannati a loro volta a lunghe pene detentive per il loro coinvolgimento negli omicidi.

Manson, nonostante la detenzione, continuò a essere una figura controversa. Diversi seguaci e simpatizzanti continuarono a considerarlo un profeta, e la sua storia ispirò numerosi libri, documentari e film, tra cui il celebre film "Helter Skelter", che prende il nome dalla sua ossessione per la canzone dei Beatles. Il fascino oscuro che esercitava su molte persone non svanì mai del tutto.

Manson morì a 83 anni, il 19 novembre 2017, in un carcere della California, dopo aver trascorso gran parte della sua vita dietro le sbarre. Nonostante la sua morte, la sua eredità di violenza e manipolazione continua a suscitare orrore e fascinazione in tutto il mondo.

Questa è la storia di Charles Manson: un uomo che, attraverso il carisma distorto e una mente manipolativa, trasformò i suoi seguaci in assassini, diffondendo il terrore e lasciando un'impronta indelebile nella storia dei crimini del XX secolo.

20. Una storia di tormento e rapimento

La vicenda che si è svolta a Oldham, nel Regno Unito, ha lasciato i giudici senza parole. Un caso che ha scioccato anche i più esperti della giustizia. Qui, una donna ha rapito il suo ex fidanzato e lo ha torturato brutalmente per oltre 12 ore. Il caso è stato talmente sconvolgente che, nonostante la lunga serie di udienze e tutte le prove presentate contro l'imputata, il giudice ha chiesto una settimana intera prima di emettere la sentenza.

La corte della Minshull Street Crown Court, a Manchester, ha ascoltato i dettagli agghiaccianti dell'incidente avvenuto a Oldham nel 2021. Dopo diverse giornate di udienze e testimonianze, la conclusione del processo ha lasciato tutti col fiato sospeso.

Era il 4 agosto 2021, un giorno che avrebbe cambiato per sempre la vita di Wilson, un uomo di 40 anni. La sua ex, Sarah Davis, una donna di 33 anni, lo aveva invitato a incontrarsi presso una casa in Edmund Street. Tra loro c'era stata una relazione tumultuosa, e avevano continuato a scambiarsi messaggi attraverso i social media, mantenendo una connessione fragile e insidiosa. Ciò che Wilson non sapeva, tuttavia, era che dietro quell'invito si nascondeva una trappola. Sarah non era sola. Con lei c'era il suo complice, Steven Winick, un uomo che avrebbe contribuito a trasformare quella giornata in un incubo.

Non appena Wilson arrivò alla casa, venne immediatamente immobilizzato. Sarah e Steven lo legarono a un palo di ferro e iniziarono una sessione di torture che sarebbe durata oltre 12 ore. L'inizio fu già agghiacciante: Wilson venne colpito ripetutamente, con una ferocia che sembrava non avere limiti. Il suo viso venne coperto con un sacchetto di plastica, che gli impediva di respirare normalmente, e poi gli venne versata dell'acqua bollente sul corpo, ustionandolo gravemente.

Non bastava. La brutalità continuò. Sarah e Steven portarono Wilson nel bagagliaio di una macchina, legato e incapace di reagire. Guidarono per ore lungo le strade di Oldham, infliggendogli ulteriori sofferenze. Non contenti delle torture fisiche, i due aguzzini lo bruciarono con sigarette, lasciando segni indelebili sulla sua pelle.

Nel frattempo, Sarah e Steven escogitarono un piano ancora più crudele: chiesero un riscatto alla madre di Wilson. Dopo averlo trasportato a casa della donna, minacciarono di continuare la tortura e di ucciderlo se non avessero ricevuto una grossa somma di denaro. La paura e il terrore si diffusero nella famiglia di Wilson, incapace di affrontare una tale violenza. Tuttavia, nonostante le richieste, Sarah e Steven alla fine lasciarono Wilson a casa di sua madre e fuggirono, lasciandolo ferito e traumatizzato.

Il giorno seguente, la madre di Wilson denunciò immediatamente l'accaduto alla polizia. Le autorità agirono rapidamente e arrestarono Sarah Davis e Steven Winick, accusandoli di rapimento, tortura, estorsione e tentato omicidio. Durante l'udienza, Wilson apparve visibilmente provato. Le ferite sul suo corpo erano solo una piccola parte del trauma che aveva subito. Le cicatrici fisiche erano accompagnate da profonde ferite emotive e psicologiche, che, come sottolineò il giudice Mark Cheville, lo avrebbero segnato per tutta la vita.

"Quello che è successo a quest'uomo è una forma di tortura che va oltre ogni immaginazione," disse il giudice Cheville durante il processo. "Le ferite fisiche guariranno, ma quelle mentali? Wilson porterà con sé questo trauma per anni."

La corte ascoltò attentamente tutte le testimonianze, comprese le dichiarazioni della madre di Wilson, che raccontò con voce rotta dalla commozione di come fosse stata terrorizzata per la vita di suo figlio. Le prove contro Sarah e Steven erano schiaccianti: la polizia aveva trovato oggetti di tortura, impronte e tracce del percorso della macchina, e le registrazioni delle minacce fatte alla famiglia di Wilson. Nonostante le prove, Sarah e Steven non mostrarono alcun segno di rimorso. Durante tutto il processo, mantennero un atteggiamento freddo e distaccato.

La condanna non si fece attendere. Il giudice Cheville dichiarò Sarah Davis colpevole di rapimento, tortura e tentato omicidio, e le inflisse una pena di sei anni di carcere. Steven Winick, che aveva partecipato attivamente alla tortura e all'estorsione, fu condannato a nove anni di detenzione, con l'accusa di violenza estrema e tentato omicidio.

Wilson, nonostante fosse sopravvissuto a quella terribile prova, rimase segnato per sempre. Le ferite fisiche lentamente si rimarginarono, ma l'angoscia mentale e il dolore dell'aver vissuto un'esperienza così traumatica lo avrebbero accompagnato per il resto della vita.

21. Il Terrorista e il Segreto dei Pacchetti

La storia di Rafat Al Qarawi, un terrorista affiliato alle Brigate dei Martiri di Al-Aqsa in Palestina, è decisamente particolare e inquietante. Rafat, arrestato nel 2006 per attività terroristiche e cospirazione contro Israele, fu condannato e imprigionato per diversi anni. Dopo aver scontato la pena, è stato rilasciato nel marzo del 2021. Tuttavia, ciò che rende la sua storia ancora più sorprendente è la sua affermazione che, durante il periodo di detenzione, riuscì a far nascere quattro figli, mandando il proprio sperma fuori dal carcere attraverso metodi illegali.

Durante un'intervista a un media palestinese, Rafat ha spiegato il suo ingegnoso piano: nascondeva il suo sperma in pacchetti di patatine e altri oggetti consentiti e li faceva uscire dalla prigione attraverso il servizio di consegna della mensa carceraria. Secondo la legislazione penitenziaria, ogni prigioniero palestinese ha il diritto di inviare fino a cinque pacchi a casa propria. Al-Qarawi sfruttò questo diritto a suo vantaggio. Ogni pacco contenente il suo sperma veniva contrassegnato con il suo nome e numero identificativo, così che la moglie o la madre lo potessero ricevere una volta uscito dal carcere.

Una volta ricevuto, il pacchetto veniva portato immediatamente al Centro Medico Razan a Nablus, dove un'equipe di medici esperti in fecondazione in vitro eseguiva il procedimento per impiantare il seme nell'utero della moglie di Rafat. Qarawi sostiene che, in questo modo, riuscì a far nascere quattro figli mentre si trovava ancora in prigione.

La sua affermazione sollevò molte domande. In primo luogo, il tempo di sopravvivenza dello sperma al di fuori del corpo è molto limitato, e molti medici ritengono che sia quasi impossibile che questa tecnica possa essere riuscita. Tuttavia, il caso di Rafat al-Qarawi è stato discusso ampiamente nei media palestinesi e, nonostante la natura incredibile della sua affermazione, rimane un esempio eclatante di come alcuni detenuti cerchino di aggirare le restrizioni carcerarie.

22. Gary Ridgway: Il killer del fiume Verde

Gary Ridgway, uno dei più temuti assassini seriali nella storia degli Stati Uniti, ha lasciato un'impronta oscura nella criminalità americana. Noto come il "Green River Killer", Gary ha commesso oltre 70 omicidi, rendendo il suo nome sinonimo di terrore. La sua scia di sangue si estende per quasi due decenni, e le vittime erano per lo più donne, spesso lavoratrici del sesso.

Nato il 18 febbraio 1949 a Salt Lake City, negli Stati Uniti, Gary ebbe un'infanzia difficile. Crescendo, divenne una persona chiusa, incapace di gestire la rabbia e la frustrazione. A 18 anni si arruolò nell'esercito dopo aver terminato gli studi, e poco dopo sposò la sua fidanzata. Tuttavia, la sua vita matrimoniale non riuscì a tenerlo lontano dalle sue tendenze deviate. Durante il servizio militare, Gary iniziò a frequentare prostitute e a condurre una doppia vita, nonostante i continui richiami dei suoi superiori. Questo comportamento immorale lo portò infine a essere congedato dall'esercito.

Tornato alla vita civile, Gary si stabilì a King County, Washington, e iniziò a lavorare come pittore di camion. Tuttavia, dietro questa facciata normale, un'inquietante ossessione stava prendendo forma. Tra il 1982 e il 1998, Gary Ridgway trasformò la zona di Green River in un luogo di morte, uccidendo brutalmente oltre 50 donne. Le attirava promettendo loro denaro in cambio di sesso, per poi strangolarle e gettare i loro corpi nel fiume Green, spesso tornando sui luoghi dei crimini per compiere atti necrofili sui cadaveri.

Nel 1983, quando il corpo di Mary Malver, una prostituta, fu trovato nel Green River, la polizia cominciò a sospettare di Gary. Il fidanzato di Mary aveva infatti raccontato agli agenti di averla vista per l'ultima volta proprio con Ridgway. Interrogato, Gary negò ogni coinvolgimento. Malgrado i sospetti, egli riuscì a sfuggire alle accuse per diverso tempo, persino superando un test della verità (poligrafo) nel 1984.

La polizia però non mollò la presa. Durante un altro interrogatorio nel 1987, Ridgway ammise di avere avuto rapporti con molte donne, in particolare con prostitute. Tuttavia, continuava a negare qualsiasi collegamento con gli omicidi, mentre nuovi cadaveri continuavano a emergere dal fiume. La svolta nelle indagini arrivò proprio nel 1987, quando gli investigatori, grazie ai progressi della scienza forense, decisero di prelevare un campione di DNA da Gary.

Il tempo passava e, nonostante i sospetti crescenti, non c'erano ancora prove concrete per collegare Gary ai delitti. Tuttavia, quando i risultati del test del DNA furono finalmente disponibili, la verità venne alla luce: il DNA di Ridgway corrispondeva a quello trovato sui corpi di tre delle sue vittime. Il cerchio si stava chiudendo.

Nel 2001, dopo anni di incertezza e indagini infruttuose, Gary Ridgway fu finalmente arrestato. Sotto interrogatorio, ammise di aver ucciso più di 70 donne, ma nonostante la sua confessione, la polizia fu in grado di trovare prove concrete solo per 49 degli omicidi. Ridgway descrisse con freddezza come le avvicinava, le uccideva e gettava i loro corpi nel fiume, in alcuni casi ritornando sul luogo per violentare i cadaveri.

Durante il processo, Gary Ridgway mostrò poco o nessun rimorso per le sue azioni. Alla domanda su come potesse giustificare tanta crudeltà, rispose che uccidere le donne gli sembrava un modo "facile" per liberarsi di loro e del loro "peso". Le sue parole gelarono la corte, mentre le famiglie delle vittime ascoltavano inorridite i dettagli di quegli anni di terrore.

Il 5 novembre 2003, Gary Ridgway fu condannato all'ergastolo senza possibilità di libertà condizionata per 48 omicidi. La sua condanna fu moltiplicata più volte, per assicurarsi che non potesse mai uscire di prigione. Il giudice, nel pronunciare la sentenza, lo descrisse come un uomo "privo di anima" e "mostruoso", le cui azioni erano al di là della comprensione umana.

La storia di Gary Ridgway continua a rappresentare uno dei capitoli più bui della storia criminale americana. Un uomo capace di celare la sua brutalità dietro una maschera di normalità, capace di sfuggire alla giustizia per quasi vent'anni.

23. La fuga del mafioso

In Italia, le storie di mafia sono purtroppo molto diffuse, ma quella di Gioacchino Gamino ha qualcosa di sorprendente. Per più di vent'anni, questo pericoloso criminale era sfuggito alla giustizia, nascondendosi abilmente dalle autorità. Tuttavia, il destino ha voluto che la sua cattura avvenisse non grazie a metodi investigativi convenzionali, ma attraverso l'uso della tecnologia moderna: Google Maps.

Gioacchino Gamino, membro di una delle più potenti famiglie mafiose della Sicilia, era stato condannato all'ergastolo per omicidio nei primi anni 2000. A capo di attività illegali che spaziavano dal traffico di droga agli omicidi su commissione, Gamino era temuto sia dagli alleati sia dai nemici. Nel 2002, però, riuscì a sfuggire miracolosamente dalla prigione di Roma, approfittando di una distrazione delle guardie durante una rivolta. Da quel momento, Gamino sembrava essersi dissolto nell'aria, lasciando dietro di sé un'ombra di mistero e paura.

La polizia italiana aveva tentato in tutti i modi di rintracciarlo, ma senza successo. La sua rete di contatti mafiosi gli aveva fornito rifugi sicuri e identità false, rendendo ogni tentativo di cattura vano. Gamino era diventato un fantasma, tanto che, col passare degli anni, molti avevano cominciato a pensare che fosse morto o fuggito in qualche parte remota del mondo, lontano dalla portata della legge.

Ma tutto cambiò nel 2021, quando un piccolo dettaglio emerse grazie a una fonte inaspettata: Google Maps. Durante una normale operazione di monitoraggio e ricerca su internet, un agente della squadra anti-mafia italiana stava osservando le immagini di Street View di una cittadina spagnola chiamata Galapagar, vicino a Madrid. Mentre controllava le strade, qualcosa catturò la sua attenzione: un uomo in piedi davanti a un negozio di frutta e verdura sembrava stranamente familiare. Sebbene fossero passati molti anni e il suo aspetto fosse cambiato – con capelli grigi e qualche ruga in più – quell'uomo aveva ancora lo stesso volto che la polizia ricordava.

L'uomo fotografato da Google Maps non era altri che Gioacchino Gamino. Dopo aver fatto verificare l'immagine da esperti e confrontato i dettagli, la polizia italiana decise di agire. Le autorità spagnole, in collaborazione con la polizia italiana, organizzarono un'operazione segreta e in pochi giorni individuarono l'indirizzo esatto di Gamino.

Da quando era fuggito, Gioacchino si era rifatto una vita sotto il nome falso di Manuel. Si era stabilito a Galapagar, aveva aperto un negozio di frutta e verdura e lavorava come cuoco in un ristorante locale. Nonostante il suo passato oscuro, sembrava aver trovato una certa tranquillità, si era persino sposato e viveva lontano dalla sua vecchia vita criminale. Tuttavia, il suo passato non l'aveva mai davvero abbandonato.

Quando le forze dell'ordine fecero irruzione nel suo appartamento, Gamino rimase scioccato. "Come mi avete trovato?" chiese agli agenti, incredulo. Durante gli anni della sua fuga, non aveva mai usato telefoni o altri dispositivi elettronici che potessero tradirlo, né aveva mai contattato la sua famiglia o i suoi vecchi amici. Era stato estremamente attento a non lasciare tracce, eppure, a tradirlo, fu proprio una fotografia scattata per caso da una macchina fotografica automatica.

Il caso di Gioacchino Gamino ha dimostrato come la tecnologia moderna possa essere uno strumento potente anche nella lotta contro il crimine organizzato. La sua cattura è stata accolta con grande sollievo dalle autorità italiane, che da anni inseguivano questo fantasma del passato. Il vice direttore dell'unità anti-mafia italiana, Nicola Altiero, ha descritto l'operazione come un momento storico: "Non avremmo mai immaginato di rintracciare un criminale di tale portata grazie a Google Maps, ma ogni strumento, se usato correttamente, può portarci a risultati straordinari."

Gioacchino Gamino è stato subito estradato in Italia, dove dovrà scontare la sua condanna all'ergastolo. Il suo tentativo di sfuggire alla giustizia è terminato in modo imprevisto e ironico: proprio come un criminale che cerca di nascondersi, il mondo moderno lo ha esposto alla luce. Ora, dopo vent'anni, il capitolo della sua fuga si è chiuso, e la giustizia ha finalmente avuto la meglio.

24. Il caso della poliziotta segreta

A volte, le vite delle persone prendono pieghe inaspettate a causa di interessi nascosti che emergono nei modi più sorprendenti. In Colorado, una donna ha perso il lavoro a causa di un hobby segreto che ha sconvolto non solo la sua carriera, ma anche l'intero dipartimento di polizia. Melissa Williams, una poliziotta con 28 anni di servizio impeccabile, ha dovuto affrontare una crisi quando il suo doppio ruolo è stato scoperto: di giorno un'agente della legge, di notte una modella per un sito web per adulti.

Melissa, 46 anni, aveva iniziato a pubblicare foto intime con suo marito su un sito web per adulti nel 2020. Era un modo per evadere dal peso dello stress quotidiano di un lavoro che richiedeva costante attenzione e disciplina. Il lavoro in polizia, secondo lei, era intenso e logorante. Le foto e i video condivisi in segreto le permettevano di sentirsi libera, apprezzata e di svagarsi. Le reazioni positive degli utenti del sito le davano un senso di gratificazione e rinnovavano le sue energie. Era una fuga temporanea dal suo ruolo rigoroso.

Per due anni, il suo account segreto rimase nascosto al grande pubblico, ma inevitabilmente, il suo mondo segreto fu rivelato. Alcuni colleghi, curiosando online, scoprirono il suo profilo e in breve tempo la voce si diffuse nel dipartimento di polizia. Una volta informate, le autorità iniziarono a indagare sul comportamento di Melissa, che andava contro l'etica professionale della polizia. Sebbene Melissa affermasse di non aver mai indossato l'uniforme nelle foto, la polizia non poteva ignorare la violazione delle regole che impongono integrità e comportamento ineccepibile, anche fuori servizio.

Nel dipartimento si creò un clima di sconcerto e tensione. Durante l'inchiesta interna, alcuni superiori, anziché mantenere il riserbo, diffusero ulteriormente le sue immagini tra i colleghi, causando umiliazione pubblica e amplificando lo scandalo. Melissa si sentiva tradita e derisa. "Il lavoro che svolgevo sul sito era solo un modo per evadere dallo stress della mia professione," affermò in seguito, "e non doveva avere alcun impatto sul mio lavoro in polizia."

Melissa, madre di due figli, aveva vissuto una carriera esemplare fino a quel momento. La sua decisione di entrare nella polizia era nata dalla voglia di servire e proteggere la comunità, ma col passare del tempo, la pressione psicologica del lavoro l'aveva portata a cercare una via di fuga. Secondo lei, lo stress accumulato nelle situazioni pericolose che affrontava quotidianamente non trovava sbocchi. Con il passare degli anni, sentiva di non avere più controllo sulla sua vita privata, sempre in balia di turni di lavoro lunghi e angoscianti.

Il suo segreto, però, la portò a perdere il lavoro che amava. "Il dipartimento di polizia non ha gestito la situazione correttamente," disse Melissa. "Invece di valutare il mio contributo come ufficiale e comprendere che non avevo infranto la legge, sono stata ridicolizzata." Sentiva che le era stata tolta ogni dignità, non tanto per ciò che aveva fatto, ma per come era stata trattata.

Alla fine, le fu comunicato che sarebbe stata licenziata. In seguito al licenziamento, Melissa intraprese una nuova carriera come modella glamour a tempo pieno. Sebbene ammetta che i guadagni siano inferiori rispetto a quelli ricevuti durante il servizio in polizia, sottolinea che la sua qualità della vita è migliorata: "Non ho più il peso di uno stress costante sulle spalle. Posso dedicarmi ai miei figli e alla mia famiglia senza preoccuparmi di correre ogni giorno in una situazione pericolosa."

Ora, Melissa è soddisfatta del suo lavoro come modella. Paradossalmente, ciò che inizialmente sembrava una distrazione dallo stress della vita da poliziotta è diventato la sua nuova realtà professionale. Nonostante tutto, ha trovato pace in questo cambiamento di carriera e accetta di buon grado il nuovo stile di vita. "Certo, non guadagno quanto prima, ma la mia serenità non ha prezzo," conclude.

La vicenda di Melissa Williams rappresenta una realtà complessa in cui la ricerca di una via di fuga dallo stress ha portato a conseguenze imprevedibili e drammatiche. Mentre alcuni potrebbero vederla come una trasgressione morale, per lei era solo un modo per bilanciare la pressione costante di una vita in prima linea.

25. La Storia di Donald Grant

A volte l'amore può spingere le persone a compiere atti estremi, superando i limiti della ragione e della moralità. Donald Grant è uno di questi uomini, la cui vita è stata segnata da un tragico percorso di crimine, tutto per amore. La sua storia si svolge in Oklahoma, negli Stati Uniti, ed è una vicenda che combina disperazione, violenza e il tentativo disperato di salvare l'amore della sua vita, ma che si è conclusa con un doppio omicidio e una condanna a morte.

Era il 2001 e Donald Grant aveva solo 25 anni. La sua fidanzata era finita in prigione, e la sua unica ossessione era quella di raccogliere il denaro necessario per pagare la cauzione e farla uscire. Un amore disperato, che lo portò a pianificare una rapina per ottenere il denaro. Senza risorse, senza una via d'uscita legale, decise di agire nel modo più drastico.

La sua mente, intrappolata tra l'angoscia e l'amore, lo spinse a derubare un hotel nella speranza di racimolare la cifra necessaria. Non si trattava solo di una rapina, però. Durante l'assalto, Donald aprì il fuoco su due impiegati dell'hotel. Uno di loro morì sul colpo, mentre l'altro, gravemente ferito, lottò per la vita ma morì poco dopo in ospedale. Il crimine che Donald aveva commesso era ormai irreparabile: due vite spezzate, un futuro distrutto.

Nel 2005, il processo contro Donald Grant si concluse con una condanna a morte. La giuria, davanti alla brutalità del crimine, non vide altra possibilità che quella di imporre la pena più severa. Ma Donald, assistito dai suoi avvocati, non si arrese. Nel corso degli anni, ha presentato numerosi ricorsi per cercare di ottenere una riduzione della pena, citando problemi di salute mentale e traumi infantili.

Donald, infatti, aveva avuto un'infanzia difficile. Era cresciuto in una famiglia violenta, con un padre alcolizzato che abusava di lui. Questo trauma aveva segnato profondamente la sua psiche, e i suoi avvocati sostennero che la sua instabilità mentale derivava proprio da queste esperienze. Il loro argomento era chiaro: Donald non era pienamente consapevole delle sue azioni a causa della sua malattia mentale, e quindi la pena di morte doveva essere commutata.

Le udienze in tribunale furono lunghe e complesse. Gli avvocati di Donald parlarono del suo disturbo post-traumatico, della sua infanzia devastata dalla violenza e dell'incapacità di affrontare le proprie emozioni. Ma, nonostante i loro sforzi, la Corte Suprema degli Stati Uniti rigettò tutti i ricorsi. Anche dopo diversi tentativi di fermare l'esecuzione, l'ultimo appello fu rifiutato, segnando così la fine del percorso legale di Donald Grant.

Per quasi due decenni, Donald riuscì a evitare l'esecuzione grazie alla moratoria sulla pena di morte in Oklahoma, che durò fino al 2015. Ma quando la pena capitale venne ripristinata, le pratiche per la sua esecuzione ripresero immediatamente. Alla fine, Donald fu condannato a morire tramite un'iniezione letale composta da tre sostanze chimiche.

Il giorno dell'esecuzione, la sua mente era probabilmente attraversata da una moltitudine di pensieri: rimorso, paura, ma forse anche un senso di liberazione. Era consapevole del crimine che aveva commesso e delle vite che aveva distrutto. Ma fino all'ultimo, Donald sembrava credere che il suo amore per la fidanzata fosse la causa che giustificava le sue azioni.

L'iniezione letale fu somministrata in una prigione dello Stato dell'Oklahoma. Donald Grant, all'età di 46 anni, perse la vita. Il crimine che aveva commesso anni prima era ormai un ricordo lontano, ma le cicatrici lasciate sulle famiglie delle vittime erano ancora vive. La sua esecuzione segnò la chiusura di una delle storie più controverse degli ultimi anni in Oklahoma.

La sua storia non è solo quella di un uomo che commise un crimine atroce, ma anche quella di un uomo segnato da profonde ferite interiori e traumi che lo avevano reso incapace di distinguere tra il bene e il male.

Una mente turbata che, in nome dell'amore, aveva scelto una strada senza ritorno.

Negli ultimi anni, negli Stati Uniti c'è stata una diminuzione significativa nell'uso della pena di morte. Molti stati, come Pennsylvania, California e Oregon, hanno sospeso l'uso dell'iniezione letale, e altri 23 stati hanno abolito completamente la pena di morte. Tuttavia, casi come quello di Donald Grant mostrano quanto la questione della pena capitale rimanga ancora complessa e divisiva nella società americana.

Per Donald, la pena di morte ha rappresentato la fine di una lunga battaglia legale e morale. La sua storia ci ricorda che dietro ogni crimine si cela una storia personale fatta di sofferenze, traumi e decisioni sbagliate. Ma ci ricorda anche che le scelte che facciamo nella vita hanno conseguenze profonde, che possono distruggere non solo la nostra vita, ma anche quella degli altri.

26. La tragedia di un adolescente

In un mondo sempre più connesso e tecnologico, gli effetti collaterali di certe innovazioni possono essere devastanti. In Pakistan, nel marzo del 2022, una tragedia che ha scosso l'intero Paese si è consumata nella provincia del Punjab, dove un quattordicenne ha sparato e ucciso tutta la sua famiglia, inclusa sua madre e le sue due sorelle. Questa storia oscura e tragica è la testimonianza di come un semplice videogioco possa diventare un'ossessione tale da portare un giovane ragazzo a compiere un atto inimmaginabile.

Era una mattina come tante nella tranquilla area di Kahna, nei pressi di Lahore. In quella casa vivevano Nahid Mubarak, una donna di 45 anni e professionista della salute, insieme ai suoi quattro figli: due ragazze, rispettivamente di 17 e 11 anni, il piccolo Taimur di 22 mesi e il figlio maggiore di 14 anni. Quella mattina, però, tutto sarebbe cambiato per sempre.

Secondo le indagini della polizia di Lahore, i corpi di Nahid e dei suoi figli sono stati ritrovati nella loro abitazione, senza alcun segno di vita. Tutti, tranne il quattordicenne, che sembrava miracolosamente illeso. Inizialmente, il giovane aveva raccontato ai vicini di aver scoperto i corpi della sua famiglia solo dopo essere sceso dal piano superiore, gridando per chiedere aiuto. I vicini, preoccupati, chiamarono immediatamente la polizia.

Le prime ore dopo la scoperta dei cadaveri furono segnate da confusione e sgomento. Chi poteva aver compiuto un atto così efferato? I sospetti iniziali cadevano su ignoti, finché una serie di incongruenze nel racconto del ragazzo iniziarono a far emergere una verità scioccante. L'indagine della polizia rivelò presto che il colpevole non era un estraneo, ma il giovane quattordicenne stesso.

La chiave di volta dell'indagine fu il legame tra il ragazzo e il videogioco "PUBG" (PlayerUnknown's Battlegrounds), un popolare gioco online di sopravvivenza. Nahid Mubarak, preoccupata per il crescente coinvolgimento del figlio nel gioco, lo rimproverava spesso per le ore interminabili passate davanti allo schermo, trascurando la scuola e gli studi. Questi rimproveri, nel tempo, avevano creato un crescente attrito tra madre e figlio, fino al punto di rottura.

Il giorno dell'omicidio, il ragazzo era stato rimproverato ancora una volta per il suo comportamento ossessivo nei confronti del videogioco. Questo rimprovero fu la scintilla che innescò la tragedia. Accecato dalla rabbia e forse in preda a una dissociazione mentale causata dall'eccessiva esposizione a "PUBG", il giovane si avventò sull'arma da fuoco che la madre aveva in casa per proteggere la famiglia. Prese la pistola dal cassetto e, senza esitare, iniziò a sparare. I proiettili non risparmiarono nessuno: sua madre, le sue sorelle e persino il piccolo Taimur furono brutalmente uccisi.

La scena che si presentò agli occhi della polizia era agghiacciante. Corpi senza vita, spari a distanza ravvicinata, un'intera famiglia sterminata. L'arma del delitto non fu immediatamente ritrovata, poiché il giovane, nel disperato tentativo di coprire le sue tracce, aveva gettato la pistola in un canale nelle vicinanze. Tuttavia, la polizia riuscì a recuperare un altro indizio cruciale: i vestiti che il ragazzo indossava al momento del massacro, ancora macchiati di sangue.

Quando la polizia lo interrogò nuovamente, il ragazzo confessò. La sua spiegazione fu tanto semplice quanto agghiacciante: il videogioco "PUBG" lo aveva completamente assorbito. Quel giorno, dopo essere stato rimproverato per l'ennesima volta, non riuscì a controllare la rabbia e, confuso e incapace di distinguere la realtà dalla finzione, decise di porre fine alla sua frustrazione con il metodo che il videogioco gli aveva insegnato: la violenza.

Questo non fu il primo caso legato a "PUBG" in Pakistan. Già nel 2020, un giovane aveva replicato una scena del gioco sparando alla sua famiglia, uccidendo due persone e ferendone altre tre. Dopo quell'episodio, le autorità avevano chiesto la messa al bando del gioco, preoccupate per i suoi effetti dannosi sui giovani. Tuttavia, nonostante i tentativi di regolamentare l'uso di questi giochi, tragedie come quella della famiglia Mubarak continuavano a verificarsi.

Le conseguenze psicologiche del gioco su questo giovane ragazzo erano evidenti. Non era solo un adolescente ribelle; era una vittima di un crescente distacco dalla realtà, aggravato dall'esposizione prolungata a un mondo virtuale dove la violenza era la soluzione a ogni conflitto. La sua mente, ormai incapace di separare il gioco dalla vita reale, lo portò a commettere un atto irreversibile.

Nahid Mubarak, una donna forte che aveva cresciuto i suoi figli da sola dopo il divorzio, era una figura di riferimento nella sua comunità. Lavorava come operatrice sanitaria e si dedicava completamente alla sua famiglia, facendo del suo meglio per proteggere e educare i suoi figli in un ambiente difficile. Ma nemmeno lei avrebbe potuto immaginare che l'arma che aveva acquistato per difendere la sua famiglia sarebbe stata usata proprio contro di loro.

La storia del quattordicenne di Kahna è un terribile monito sui pericoli legati all'abuso di videogiochi violenti e sulla fragilità mentale dei giovani che possono essere influenzati da questi mondi virtuali. La tragedia di questa famiglia distrutta mostra che, dietro ogni schermo, può nascondersi un pericolo invisibile, capace di trasformare l'innocenza dell'intrattenimento in un incubo reale.

La polizia, dopo aver raccolto tutte le prove, incluse le testimonianze e le confessioni del ragazzo, concluse che il crimine era il risultato diretto di una mente alterata dal gioco e da anni di frustrazione repressa. Tuttavia, le ferite emotive lasciate da questo episodio saranno difficili da rimarginare, non solo per i parenti sopravvissuti, ma anche per la comunità di Lahore e oltre.

Il caso ha sollevato ulteriori dibattiti in Pakistan e in tutto il mondo sull'effetto che i videogiochi violenti possono avere sui giovani, specialmente quando non vengono monitorati e controllati. Purtroppo, per la famiglia Mubarak, queste discussioni arrivano troppo tardi.

27. La caduta di Bernie Madoff

Bernie Madoff, un magnate americano di New York, è diventato tristemente famoso per aver ingannato migliaia di persone attraverso uno dei più grandi schemi di frode della storia. Non si fermò davanti a nessuno, che fosse ricco o povero: lavoratori, imprenditori, celebrità di Hollywood, premi Nobel, ufficiali militari, registi e attori, tutti caddero nella sua trappola. La sua truffa colossale ha coinvolto circa 37.000 persone provenienti da oltre 130 paesi, portando via circa 65 miliardi di dollari.

Bernie Madoff nacque nel 1938 a New York. Sin da giovane, dimostrò una notevole intraprendenza e, all'età di 22 anni, fondò con il fratello una società di investimento chiamata Bernard L. Madoff Investment Securities. Aveva accumulato i suoi primi risparmi lavorando duramente e con l'obiettivo di sfondare nel mercato azionario. Durante gli anni '60, Madoff iniziò a comprare e vendere azioni di piccole e medie imprese che non erano quotate nelle principali borse. Questa strategia si rivelò inizialmente un successo, e gli permise di accumulare esperienza e connessioni importanti.

Dopo circa un decennio passato ad imparare i trucchi del mercato finanziario, Bernie elaborò uno schema noto come schema Ponzi, un meccanismo fraudolento in cui i soldi dei nuovi investitori venivano utilizzati per pagare i profitti degli investitori precedenti. Questa strategia, apparentemente legale e altamente redditizia, gli consentì di far crescere enormemente il suo business e la sua fama. Madoff divenne una figura di riferimento a Wall Street, e il suo nome cominciò a risuonare nei circoli finanziari e mondani.

Con il tempo, la famiglia di Bernie si unì al suo impero. I suoi figli e altri parenti iniziarono a lavorare con lui nella società, ma nessuno sospettava la vera natura delle sue operazioni. Madoff non era solo un truffatore abile, ma anche un maestro della manipolazione. Usava il suo fascino e la sua reputazione per attirare investitori sempre più grandi e importanti. La sua lista di vittime illustri includeva nomi come il regista Steven Spielberg, gli attori Kevin Bacon e John Malkovich, il presentatore televisivo Larry King e persino Eli Wiesel, premio Nobel per la pace.

Anche la Royal Bank of Scotland investì nella truffa di Madoff, dimostrando la sua capacità di ingannare non solo individui, ma anche importanti istituzioni finanziarie. Madoff era riuscito a convincere il mondo finanziario di essere un genio degli investimenti, un vero e proprio "guru" che poteva garantire profitti sicuri e continui. Il suo schema Ponzi continuò a crescere, sostenuto dal fatto che pagava i vecchi investitori con i soldi dei nuovi. Questo ciclo si ripeteva, e ogni volta che nuovi capitali entravano nel sistema, Madoff riusciva a mascherare la sua truffa sempre meglio.

Per anni, Madoff mantenne in piedi questa gigantesca menzogna, e visse una vita lussuosa grazie ai miliardi di dollari che aveva sottratto ai suoi investitori. Case lussuose, yacht, vacanze da sogno: Bernie Madoff sembrava aver raggiunto il vertice del successo. Ma nel 2008, con l'arrivo della crisi economica globale, tutto crollò. La recessione colpì duramente e gli investitori cominciarono a chiedere indietro i propri soldi. Madoff, che aveva già sperperato gran parte del denaro, non era più in grado di soddisfare le richieste di rimborso.

In preda alla disperazione, Madoff confessò la verità alla sua famiglia. Raccontò ai suoi figli del suo inganno e del fatto che stava truffando migliaia di persone da anni. I figli, scioccati dalla rivelazione, decisero di denunciare il padre alla polizia. Così, il 10 dicembre 2008, Bernie Madoff venne arrestato. L'uomo che per decenni aveva ingannato il mondo finanziario con la sua truffa colossale, venne finalmente messo di fronte alle sue responsabilità.

Il processo contro Bernie Madoff fu rapido e intenso. Le prove contro di lui erano schiaccianti, e la sentenza fu esemplare: 150 anni di carcere. Tutti i suoi beni furono confiscati, e la sua famiglia, un tempo ricca e influente, vide il suo impero finanziario distrutto. Ma le conseguenze della sua truffa non si limitarono solo all'aspetto legale. La sua famiglia fu devastata: uno dei suoi figli, incapace di sopportare il peso del disonore, si tolse la vita nel 2010, mentre l'altro morì nel 2014 a causa di una grave malattia.

Madoff trascorse gli ultimi anni della sua vita in carcere, cercando invano di ottenere la scarcerazione anticipata a causa delle sue condizioni di salute. Affetto da gravi malattie, cercò ripetutamente di convincere i giudici a liberarlo, ma le sue richieste vennero sempre respinte. Nel 2021, Bernie Madoff morì in prigione, solo e dimenticato, senza mai ottenere quella misericordia che aveva disperatamente chiesto.

Il suo nome, però, rimane legato a uno degli scandali finanziari più gravi della storia moderna. Le sue azioni non solo rovinarono la vita di migliaia di persone, ma gettarono anche un'ombra lunga e oscura sul mondo della finanza e degli investimenti. Bernie Madoff non era solo un truffatore: era il simbolo di un sistema corrotto e ingannevole, dove il denaro e l'avidità prevalgono sulla fiducia e l'onestà.

28. La cospirazione di Kevin Lewis

In alcune circostanze, il nemico è più vicino di quanto si possa immaginare, e in questo caso, la minaccia si nascondeva proprio all'interno della famiglia. Nel 2017, a Washington, USA, un complotto oscuro venne alla luce: Kevin Lewis, un uomo che sembrava condurre una vita normale, pianificò l'omicidio di sua moglie, Amanda Canales. Tuttavia, quello che doveva essere un piano ben orchestrato si trasformò in una tragedia quando la persona sbagliata fu uccisa.

Kevin Lewis, tormentato da rancori nascosti e desideroso di liberarsi di sua moglie, tentò in più occasioni di farla uccidere. Non riuscendo nei suoi primi tentativi, Kevin decise di affidare il compito a suo cugino, Gordon Phelps, un diciottenne senza scrupoli che accettò il compito in cambio di una somma di 2400 dollari. Gordon, probabilmente attratto più dai soldi che dalla gravità dell'atto, si preparò per compiere l'omicidio.

Il giorno del crimine, Gordon si appostò fuori dalla casa di Amanda. Era una fredda sera d'autunno, il vento sibilava tra le strade deserte di Washington. Gordon aspettò con pazienza, i nervi tesi, ma con una determinazione spaventosa. Bussò alla porta due volte. Nessuno avrebbe potuto immaginare quello che stava per accadere. Quando la porta si aprì, senza esitazione, Gordon sparò cinque colpi al petto della persona che gli stava di fronte.

La vittima, però, non era Amanda. Era sua sorella Alisha, che quella sera stava badando ai figli di Amanda mentre lei era via per un viaggio di lavoro. I tre bambini erano presenti in casa e, fortunatamente, non furono feriti. Tuttavia, furono testimoni di un omicidio brutale, un evento che avrebbe segnato per sempre le loro vite.

Kevin Lewis, lontano da casa, fu sconvolto quando seppe che la vittima non era sua moglie. Il suo piano, così calcolato, si era trasformato in un incubo. Alisha, una donna innocente che aveva solo cercato di aiutare la sorella, aveva pagato con la vita per l'avidità e il risentimento di Kevin.

Quando la verità emerse, le autorità scoprirono che Gordon aveva persino caricato sui social media foto di acquisti costosi fatti con il denaro ricevuto per l'omicidio. In una sorta di sfacciata arroganza, il giovane criminale sembrava non provare alcun rimorso per l'atto orribile che aveva commesso. Le prove accumulate contro di loro furono schiaccianti, e ben presto entrambi furono arrestati.

Il processo fu lungo e doloroso. Amanda, sconvolta dalla scoperta che suo marito aveva tentato di farla uccidere, si rivolse a lui durante l'udienza: "Non avrei mai immaginato che potessi farmi questo. Quando ripenso a quel giorno, non posso fare a meno di pensare che se fossi stata lì io, i nostri figli avrebbero visto la loro madre coperta di sangue. Come potranno mai accettare il fatto che sei stato tu, il loro padre, a pianificare tutto questo?"

Il dolore di Amanda si mescolava alla rabbia. La sua famiglia era stata distrutta da un uomo che una volta aveva amato e di cui si era fidata. Il peso di sapere che i suoi bambini avrebbero dovuto convivere con la consapevolezza che il loro padre aveva cercato di uccidere la loro madre era insopportabile. La sofferenza psicologica per tutti loro sarebbe durata per tutta la vita.

In aula, il giudice del tribunale superiore della contea di Snowmish pronunciò la sentenza con fermezza. Kevin Lewis fu condannato a 31 anni di carcere per cospirazione e complicità in omicidio. La sua punizione, oltre al carcere, includeva il divieto di avere qualsiasi contatto con Amanda e i suoi figli per il resto della vita. Gordon Phelps, il giovane cugino che aveva eseguito l'atto, ricevette una condanna a 15 anni, nonostante la sua giovane età.

Il caso di Kevin Lewis e Gordon Phelps lasciò un'impronta indelebile nella comunità di Washington. La crudeltà e la freddezza del complotto, insieme alla tragica morte di Alisha, colpirono profondamente le persone. Per Amanda, la vita non sarebbe mai stata più la stessa. Anche se riuscì a sopravvivere all'attentato alla sua vita, l'ombra di quel giorno le sarebbe rimasta addosso per sempre, e il vuoto lasciato dalla perdita di sua sorella sarebbe stato insostenibile.

Alla fine, Kevin pagò per i suoi crimini, ma la vera giustizia per Alisha e i suoi cari rimase qualcosa di impossibile da ottenere pienamente.

29. Il bacio proibito del giudice

L'amore può arrivare nei modi più inaspettati, e talvolta può portare a situazioni incredibili. Una storia surreale proveniente dall'Argentina ha fatto scalpore sui media internazionali, quando un video di una giudice che baciava un pericoloso assassino in prigione è diventato virale. La donna coinvolta non era una persona comune, ma una giudice chiamata Mariel Suarez, e il criminale che baciava era Cristian Bustos, un uomo condannato per omicidio. La vicenda ha generato grande scalpore, soprattutto per il fatto che Mariel Suarez faceva parte del tribunale che aveva condannato lo stesso uomo all'ergastolo.

Cristian Bustos non è un detenuto qualunque. Era stato condannato per l'omicidio del suo figliastro e di un poliziotto. Quest'ultimo era stato ucciso brutalmente da Bustos durante un tentativo di arresto. Per i crimini commessi, Bustos fu condannato all'ergastolo, ma durante il processo, Mariel Suarez si era opposta alla condanna, sostenendo che l'imputato non meritava una pena così severa. Ciò nonostante, la sua opinione rimase isolata, e la corte decretò l'ergastolo per Cristian.

La storia prese una piega inaspettata alla fine del 2021, quando una visita in carcere di Mariel Suarez a Cristian Bustos fece emergere qualcosa di molto più personale. Un video catturato da una telecamera di sorveglianza mostrava la giudice e il detenuto mentre si baciavano appassionatamente. Il video, reso pubblico, divenne immediatamente virale, suscitando una valanga di critiche e alimentando sospetti su una possibile relazione sentimentale tra i due.

Quando il video divenne di dominio pubblico, Mariel Suarez si affrettò a fornire una spiegazione. "Sto scrivendo un libro su Cristian Bustos," dichiarò, giustificando così la sua visita al detenuto. Tuttavia, molti hanno trovato difficile credere alla sua versione, vista la natura intima del loro incontro. La telecamera di sorveglianza, situata all'interno della stanza dove i due si erano incontrati, mostrava chiaramente il momento in cui la giudice si avvicinava a Bustos per baciarlo. Suarez cercò di minimizzare l'accaduto, affermando che la telecamera aveva inquadrato l'episodio da un angolo sbagliato, dando un'impressione distorta del loro incontro.

Nonostante le sue giustificazioni, il comportamento della giudice suscitò enorme scalpore in Argentina, dove l'autorità giudiziaria decise di avviare un'indagine formale. La Corte Suprema della provincia di Chubut, dove la vicenda aveva avuto luogo, dichiarò che il comportamento di Mariel Suarez era inaccettabile per una figura del suo ruolo. "Il giudice ha agito in modo inappropriato," dichiarò il tribunale, e vennero immediatamente presi provvedimenti per verificare la natura dell'incontro tra Suarez e Bustos.

Cristian Bustos è conosciuto come uno dei detenuti più pericolosi della prigione di Trelew, un piccolo villaggio vicino a Esquel, dove si trovava la prigione. Nel 2009, Bustos aveva ucciso un agente di polizia, Leandro "Tito" Roberts, in modo brutale, e la sua condanna all'ergastolo fu vista come una giusta pena per i crimini commessi. Tuttavia, durante il processo, Mariel Suarez aveva espresso disaccordo con il verdetto, affermando che Bustos non meritava una condanna così dura, suscitando sospetti e incomprensioni già allora.

L'episodio del bacio in prigione, tuttavia, scatenò una nuova ondata di polemiche. Molti si chiesero se la giudice avesse infranto la sua etica professionale e se ci fosse stata una relazione tra lei e Bustos anche prima della condanna. Il video mostrava chiaramente un momento di intimità tra i due, un comportamento che, per molti, andava oltre i confini del rapporto professionale tra giudice e detenuto.

Mentre l'inchiesta della Corte Suprema di Chubut proseguiva, Mariel Suarez continuava a difendersi, sostenendo che la sua vicinanza a Bustos era dovuta alla sua ricerca di informazioni per il libro che stava scrivendo su di lui. Tuttavia, molti trovarono la sua spiegazione poco convincente, soprattutto considerando il contesto e il passato pericoloso di Bustos.

La vicenda sollevò anche interrogativi sulla sicurezza nelle carceri argentine. Come fu possibile che un giudice potesse incontrare un detenuto così pericoloso in una situazione così privata, senza che nessuno fosse a conoscenza dell'incontro? Le telecamere di sorveglianza, che avevano registrato il bacio, furono installate per garantire la sicurezza, ma il fatto che Suarez e Bustos fossero stati lasciati soli per così tanto tempo senza supervisione diretta fece emergere preoccupazioni sulla gestione dei detenuti pericolosi.

Alla fine, l'inchiesta della Corte Suprema doveva determinare non solo se Mariel Suarez avesse violato le norme etiche della magistratura, ma anche se ci fossero state altre infrazioni legali durante il suo incontro con Bustos. La Corte si impegnò a scoprire quanto durò effettivamente l'incontro tra i due e quali leggi fossero state violate. Anche se Mariel Suarez cercò di giustificare il suo comportamento, sostenendo che il suo incontro con Bustos era puramente professionale, l'opinione pubblica rimase scettica.

Il caso divenne emblematico di come l'abuso di potere possa manifestarsi anche in contesti insospettabili, come il sistema giudiziario. L'amore, o qualunque fosse il sentimento che legava Suarez a Bustos, aveva messo in discussione non solo la sua reputazione, ma anche l'integrità del sistema di giustizia argentino.

In conclusione, la vicenda di Mariel Suarez e Cristian Bustos rimane uno dei casi più discussi e controversi in Argentina. Quello che iniziò come un semplice bacio divenne un simbolo di qualcosa di molto più grande: l'abuso di potere, la violazione dell'etica professionale e le implicazioni che possono sorgere quando i confini tra il professionale e il personale vengono confusi in modo così tragico.

30. Il Killer della Scacchiera

Nel 2006, Mosca è stata scossa da una serie di omicidi che hanno seminato il terrore nel Parco Bitsa. Per tre anni, i corpi di diverse vittime sono stati ritrovati in questo luogo tranquillo e verdeggiante, apparentemente sereno, ma divenuto la scena di crimini macabri. La polizia e l'opinione pubblica iniziavano a sospettare la presenza di un serial killer, e i talk show televisivi ne parlavano continuamente.

Il parco, situato a sud della capitale russa, era vasto e perfetto per chi cercava pace e silenzio. Era qui che lavorava Larissa, una giovane donna comune, che faceva la commessa in un supermercato nelle vicinanze. Il suo collega, Alexander, un uomo di 32 anni, appariva normale, con un viso pallido e una corporatura robusta. Era un uomo dall'aspetto comune, ma con una voce profonda e un atteggiamento spirituale che affascinava molti. Nonostante il suo modo serio di parlare, Alexander sapeva far ridere i colleghi con battute improvvise.

Il 14 giugno 2006, dopo il lavoro, Alexander e Larissa chiacchieravano fuori dal supermercato. La conversazione si era presto spostata su temi profondi come l'amore. Alexander parlava con un misto di saggezza e sarcasmo, dipingendo l'amore a volte come il più grande inganno, altre volte come un'eterna verità. Larissa era affascinata dal suo modo di esprimersi. Colpita dai suoi discorsi filosofici, non immaginava minimamente che dietro quel volto comune si celava un oscuro segreto.

Dopo un po', Alexander propose a Larissa di fare una passeggiata nel parco. Lei accettò, incuriosita e fidandosi di lui. Prima di andarsene, inviò un messaggio a suo figlio, avvisandolo che sarebbe andata al parco con Alexander e che sarebbe tornata presto. La camminata si trasformò presto in un viaggio verso un angolo remoto e nascosto del parco, lontano da occhi indiscreti.

Mentre camminavano tra i sentieri solitari, Alexander menzionò i recenti ritrovamenti di corpi nel parco. Larissa, che fino a quel momento era tranquilla, iniziò a sentirsi a disagio. Alexander continuava a parlare di omicidi e vittime in modo agghiacciante, raccontando dettagli che Larissa non aveva mai sentito. Ad un certo punto, Alexander le disse una frase inquietante: "Sai, conoscere profondamente una persona ti dà un piacere immenso... ma ucciderla, quello sì che è liberatorio".

Larissa iniziò a temere per la sua vita. Più Alexander parlava, più capiva che non si trattava solo di un pazzo discorso filosofico. Era lui l'assassino che terrorizzava Mosca. Quando cercò di allontanarsi, Alexander la bloccò. Le sue parole si fecero sempre più crude e la paura si trasformò in terrore puro. Larissa cercò di resistere, ma Alexander la prese per il collo e, con un sorriso sadico, la strangolò contro un albero.

Dopo averla uccisa, Alexander si comportò come se nulla fosse accaduto. Tornò a casa, si fece una doccia, cenò e si mise a letto. Il giorno dopo, andò al lavoro come al solito, senza mostrare segni di colpa o pentimento.

Due giorni dopo, la polizia bussò alla sua porta. Gli agenti erano lì per interrogarlo riguardo alla scomparsa di Larissa, l'ultima persona vista con lui. Invece di negare, Alexander confessò tutto con un sorriso. Consegnò loro il suo diario, dove aveva annotato i dettagli di ogni omicidio e il suo amato scacchiere, su cui aveva segnato le date degli omicidi. "Mi dispiace solo di non aver riempito tutte le 64 caselle", disse con disinvoltura.

Alexander Pichushkin, noto come "il killer della scacchiera", venne processato e condannato per l'omicidio di 49 persone. Durante il processo, continuò a sostenere che uccidere era per lui una necessità vitale, come mangiare o respirare. La sua confessione, piena di dettagli macabri e di una freddezza disumana, scosse l'intera Russia.

Dietro il mostro c'era una storia di traumi e solitudine. Da bambino, Alexander aveva subito una lesione cerebrale cadendo da un'altalena, evento che gli aveva provocato gravi danni psicologici. A scuola, era stato bullizzato per il suo aspetto e questo aveva alimentato in lui un profondo desiderio di vendetta e controllo sugli altri. La morte del nonno, l'unica persona che lo capiva, lo aveva ulteriormente spinto verso il baratro dell'odio.

Pichushkin si era convinto che uccidere fosse l'unico modo per dare un senso alla sua esistenza. Ogni vittima era per lui come una pedina su una scacchiera, e il suo obiettivo era riempire tutte le 64 caselle. Il suo gioco crudele finì solo quando venne arrestato, ma non prima di aver terrorizzato un'intera città.

Oggi, Alexander Pichushkin sconta la sua pena in isolamento in un carcere di massima sicurezza in Russia.

31. Il Padrone degli Schiavi

Alexander Nikolayevich Komin, meglio conosciuto come "Il Padrone degli Schiavi", nacque il 15 luglio 1953 a Vyatsky Polyany, Russia. Il suo nome divenne tristemente noto tra il 1995 e il 1997, quando Komin divenne uno dei serial killer più temuti della Russia, rinchiudendo e torturando persone nelle celle sotterranee che aveva scavato sotto il suo garage.

Fin da giovane, Komin mostrò una propensione alla criminalità. All'età di 18 anni venne condannato a tre anni di prigione per vari reati. Durante il suo periodo in carcere, apprese il mestiere di sarto e, soprattutto, si ispirò a un altro detenuto che lo informò di un metodo di sfruttamento: rapire senzatetto e costringerli a lavorare per lui. Da quel momento, Komin cominciò a elaborare un piano per sfruttare altre persone a suo vantaggio.

Dopo la sua liberazione, Komin visse per alcuni anni lavorando come elettricista e svolgendo lavori saltuari. Tuttavia, il suo desiderio di guadagnare rapidamente lo portò a ideare un piano malefico: avrebbe aperto una fabbrica di sartoria e avrebbe usato schiavi per lavorarci. Trovò un complice in Alexander Mikheev e, insieme, iniziarono a scavare un bunker sotterraneo sotto un garage vuoto vicino alla casa di Komin. Impiegarono quattro anni a costruire un labirinto di stanze nascoste, completo di un ascensore e scale elettrificate per prevenire qualsiasi tentativo di fuga.

Nel gennaio del 1995, Komin catturò la sua prima vittima, una giovane donna di nome Vera Talpayeva. Con il pretesto di offrirle un lavoro, la condusse nel suo bunker e la imprigionò. Non sapendo cucire, Talpayeva venne costretta a lavorare come manovale, ampliando il bunker, mentre veniva anche sfruttata sessualmente da Komin. Durante questo periodo, Talpayeva fornì a Komin l'indirizzo di una sarta esperta, Tatiana Melnikova, la quale venne attirata nel bunker e costretta a cucire abiti per la "fabbrica" di Komin.

Con l'arrivo di Melnikova, il business di sartoria iniziò a generare profitti. Komin era implacabile nel chiedere sempre più lavoro: Melnikova era costretta a lavorare fino a 16 ore al giorno sotto pesanti catene e con una dieta quasi inesistente. Komin, però, sentiva che non bastava, così iniziò a cercare nuove "reclute". Con l'aiuto di Talpayeva, il 16 luglio 1995 catturò un'altra donna, Tatiana Kozhikova, e la costrinse a unirsi al team di sartoria. Da quel momento, il lavoro della fabbrica di schiavi continuò senza sosta.

La vita nel bunker divenne insopportabile. Le due donne tentarono di scappare, ma Komin, sempre attento, le catturò e le punì brutalmente. Le costrinse a scegliere: avrebbe tagliato loro il viso oppure marchiato la parola "schiava" sulle loro fronti. Entrambe scelsero il marchio. Komin diventò ancora più spietato: le donne erano ora legate con catene ai piedi, e il lavoro non poteva fermarsi.

Nel frattempo, Komin continuava a cercare altre vittime. Al Gorky Railway Station, incontrò una donna senza tetto, Tatyana Nazimova, che portò nel bunker. Tuttavia, Nazimova era malata mentalmente e fisicamente e non era in grado di lavorare. Komin la sfruttò sessualmente per un anno prima di ucciderla, abbandonando il suo corpo vicino all'obitorio della città.

Per molti anni, Komin riuscì a mantenere il suo segreto. Viveva una vita apparentemente normale, lavorando come elettricista e registrato come disoccupato per ricevere un sussidio statale. Nessuno sospettava che sotto il suo garage si nascondesse un incubo. Ma nel 1997, la situazione cambiò.

Nel gennaio del 1997, Komin rapì un'altra donna, Irina Ganyushkina, con l'intenzione di renderla la sua "sposa schiava". Dopo averla tenuta prigioniera per qualche tempo, iniziò a nutrire sentimenti per lei e decise di sposarla ufficialmente. Le altre prigioniere, Melnikova e Kozhikova, incoraggiarono Irina ad accettare, vedendo in questo una possibile via di fuga.

Il 21 luglio 1997, Komin portò Irina fuori dal bunker per la prima volta e la condusse a casa sua, fidandosi di lei. Tuttavia, appena ebbe l'opportunità, Irina scappò e corse alla polizia. Inizialmente, le autorità non le credettero, ma la sua insistenza le portò infine al bunker di Komin. Quando i poliziotti trovarono le due donne incatenate e in condizioni disumane, capirono l'orrore che si celava sotto quel garage apparentemente innocuo.

Komin e Mikheev furono arrestati. Il 15 giugno 1999, dopo essere stato condannato all'ergastolo per i suoi crimini, Komin si suicidò nella sua cella di prigione.

32. Il Sorriso del Terrore

Joanna Christine Dennehy, una donna che ha seminato il panico in Inghilterra, è diventata uno dei più famosi serial killer del Regno Unito. Il suo nome è associato a delitti brutali, portati avanti con una calma agghiacciante e una sadica indifferenza. Ciò che sconvolge maggiormente di questa storia è la sua mancanza di motivazioni tradizionali. Joanna non uccideva per soldi, vendetta o rabbia. Uccideva semplicemente per divertirsi.

Nata il 29 agosto 1982 a St Albans, vicino Londra, Joanna era una bambina felice e intelligente, eccellente negli studi e negli sport. Tuttavia, con l'avvento dell'adolescenza, qualcosa iniziò a cambiare in lei. Si allontanò dalla scuola, cadde in cattive compagnie e iniziò a fare uso di alcol e droghe. A soli quattordici anni, fuggì di casa con un uomo più grande, John Trainor, di vent'anni. I suoi genitori, sconvolti, cercarono di riportarla a casa, ma Joanna li respinse più volte, ribellandosi a ogni tentativo di disciplina.

La giovane coppia si stabilì a Luton, dove Joanna ebbe due figli. Ma la vita familiare non riuscì a placare l'instabilità di Joanna. Spesso litigava con John e lo tradiva ripetutamente, per poi chiedere scusa e tentare di ricominciare. Ogni volta, però, la sua violenza peggiorava. A un certo punto, John si trovò così terrorizzato da lei che, temendo per la sua vita e quella dei loro figli, lasciò la casa in silenzio una notte del 2009.

Joanna, ormai sola, cadde ulteriormente nel vortice del crimine. Lavorava come operaia nei campi, dove spesso veniva pagata in alcol anziché in denaro. Ogni volta che beveva, la sua aggressività aumentava. Cominciò a infliggersi ferite con lamette, tagliandosi braccia, corpo e collo, come se il dolore fisico potesse placare il caos nella sua mente.

Nel 2012, fu arrestata per furto e condannata a quattro mesi di prigione. Durante la sua detenzione, fu sottoposta a trattamenti psichiatrici. Gli psichiatri la diagnosticarono come affetta da una psicopatia grave. Joanna provava piacere nel ferire gli altri e sperimentava un'eccitazione sessuale disturbante nel farlo. La sua vita era governata dalla menzogna, dalla violenza e da un'incontrollabile impulsività.

Dopo essere stata rilasciata dalla prigione, nel 2013 incontrò Kevin Lee, un imprenditore edile di Peterborough che affittava stanze a persone in difficoltà. Subito tra i due nacque una relazione sessuale. Kevin si fidava di Joanna e le affidò il compito di riscuotere gli affitti dai suoi inquilini inadempienti. Joanna, con la sua solita brutalità, iniziò a minacciarli per ottenere il denaro dovuto.

La sua vita sembrava tornata alla normalità: aveva un posto dove vivere, cibo e una certa stabilità economica. Ma la stabilità era solo una facciata. Dentro di lei, il caos continuava a crescere. Smise di prendere i suoi farmaci e, solo poche settimane dopo, la sua follia esplose di nuovo.

Il 29 marzo 2013, Kevin Lee fu trovato morto in un fosso vicino al villaggio di Newborough, quasi completamente nudo. Solo la sera prima era stato visto con Joanna. Sua moglie, non vedendolo tornare a casa, denunciò la sua scomparsa alla polizia. Il giorno successivo, la macchina di Kevin fu trovata bruciata in un campo a Yaxley.

Nel frattempo, la polizia scoprì che un altro inquilino di Kevin, John Chapman, un veterano reale, era scomparso. Le indagini portarono gli investigatori alla casa di Joanna, dove trovarono un materasso insanguinato nel giardino. Il sangue non apparteneva a Kevin, ma a John Chapman. Anche lui era stato ucciso brutalmente.

Con il proseguire delle indagini, emerse un altro nome: Lukasz Slaboszewski, un immigrato polacco. Era stato ucciso il 19 marzo, più di una settimana prima che Kevin scomparisse. Lukasz era un uomo solitario e disturbato, che aveva sviluppato una sorta di ossessione per Joanna. La polizia scoprì che era stato pugnalato al cuore durante una lite con lei.

Non potendo gestire da sola i cadaveri, Joanna chiese aiuto a Gary "Stretch" Richards, un uomo gigantesco e criminale abituale, e a Leslie

Layton, un altro complice. Insieme, caricarono i corpi su una sedia a rotelle e li gettarono in fossi nei dintorni di Peterborough.

Joanna era completamente priva di rimorso. Dopo ogni omicidio, faceva foto accanto ai cadaveri e, con un sorriso malefico, mostrava i corpi ad adolescenti del quartiere, vantandosi delle sue azioni. La sua mente era ormai fuori controllo. Dopo aver ucciso Kevin Lee, Joanna intonò allegramente "Oops I Did It Again" di Britney Spears.

La sua follia non si fermava. Insieme a Gary, Joanna continuò a fuggire dalla polizia, commettendo crimini lungo il percorso. Il 2 aprile, attaccò Robin Bereza, un pensionato di 63 anni, pugnalandolo alle spalle mentre passeggiava con il cane. Solo pochi minuti dopo, colpì John Rogers, un altro passante, pugnalandolo oltre 30 volte. Entrambi gli uomini sopravvissero per miracolo e fornirono dettagli precisi dell'aggressore alla polizia.

Joanna fu arrestata poco dopo. In stazione, si comportò come se nulla fosse successo, ridendo e flirtando con gli agenti. La sua calma era tanto spaventosa quanto la brutalità dei suoi crimini.

Durante il processo, nel 2014, Joanna si dichiarò colpevole di tutti gli omicidi e delle aggressioni. La corte la condannò all'ergastolo, definendola una donna crudele e pericolosa. Il giudice, durante la sentenza, disse: "Sei un'assassina cinica e spietata." Joanna non mostrò alcun segno di rimorso. Anzi, ridendo, disse: "La cosa peggiore che potrebbe succedere è che diventerò grassa ora."

Ora, Joanna Dennehy vive il resto dei suoi giorni dietro le sbarre, una prigioniera della sua stessa follia.

33. L'Ombra del Mostro di Hwaseong

Lee Choon-Jae, nato il 31 gennaio 1963 a Hwaseong, Corea del Sud, sembrava un uomo comune. Cresciuto in una famiglia modesta, aveva buoni risultati scolastici e, dopo la laurea, si arruolò nell'esercito nel 1983, diventando pilota di carri armati. Ma dopo tre anni di servizio, venne congedato per motivi sconosciuti. Questo evento lo colpì profondamente, lasciandogli dentro una rabbia crescente e un senso di fallimento.

Tornato nella sua città natale, iniziò a fare lavori saltuari come impiegato, conducente di gru e supervisore. Si sposò e ebbe un figlio, ma la sua vita familiare era tutt'altro che serena. La moglie lo descriveva come un alcolista violento, che la maltrattava fisicamente insieme al figlio. La situazione divenne insostenibile e, nel dicembre 1993, la moglie lo lasciò. Questo peggiorò ulteriormente la condizione mentale di Lee.

Nel gennaio 1994, invitò sua cognata di 18 anni, sorella maggiore della moglie, a casa sua. Lì la violentò e la uccise brutalmente. Senza scrupoli, si presentò dal suocero offrendosi di aiutare a cercare la cognata scomparsa, suggerendo che fosse stata rapita. Ma le sue bugie non durarono a lungo. Dopo ripetuti interrogatori, Lee fu arrestato il 18 gennaio 1994. Durante l'interrogatorio chiese con nonchalance: "Quanti anni si danno per stupro e omicidio?" Quella frase, pronunciata con una calma agghiacciante, rivelava il suo distacco emotivo.

In tribunale negò le accuse, affermando che le sue confessioni erano state estorte dalla polizia con la forza. Tuttavia, le prove erano schiaccianti. Nel maggio 1994, fu condannato a morte per l'omicidio della cognata. La Corte Suprema della Corea del Sud rivedette la sentenza nel 1995, riducendo la pena all'ergastolo. Lee sembrava destinato a trascorrere il resto della sua vita in prigione, ma la sua storia non finì lì.

Il suo nome tornò alla ribalta nel settembre 2019, quando un test del DNA rivelò una terribile verità: Lee era il responsabile dei famigerati omicidi seriali di Hwaseong, che avevano terrorizzato la Corea del Sud tra il 1986 e il 1991. Questi omicidi, considerati tra i più brutali nella storia del paese, avevano come vittime donne di età compresa tra i 14 e i 71 anni. Lee le violentava, le strangolava con reggiseni o calzini e, in alcuni casi, mutilava i loro corpi con una lama.

La prima vittima di Lee fu una donna di 71 anni, Lee Wan-Im, scomparsa il 15 settembre 1986 mentre tornava a casa dopo aver visitato la figlia. Il suo corpo venne trovato quattro giorni dopo in un pascolo. Da quel momento, una serie di omicidi simili colpì la regione di Hwaseong, gettando il paese nel panico.

Il modus operandi di Lee era sempre lo stesso. Le sue vittime venivano rapite, violentate e poi strangolate con oggetti di uso comune, come calze, reggiseni o fazzoletti. Le mutilazioni, nei casi peggiori, dimostravano un sadismo estremo. Le indagini, che coinvolsero migliaia di poliziotti e cittadini, non portarono a nessun arresto per anni. Lee riusciva a eludere la giustizia con facilità, approfittando della paura e della confusione che i suoi crimini seminavano.

Le vittime continuavano a cadere, una dopo l'altra. Il 20 ottobre 1986, Park Hyun-sook, una giovane donna di 25 anni, scomparve mentre tornava a casa da un viaggio in autobus. Il suo corpo venne ritrovato tre giorni dopo in un canale. Kwon Jung-bon, 25 anni, scomparve il 12 dicembre 1986 e fu ritrovata solo mesi dopo, il 23 aprile 1987, su un argine. Anche lei, come le altre, era stata strangolata.

I dettagli degli omicidi erano sconvolgenti. Una vittima, Lee Kae-sook, venne brutalmente aggredita e uccisa con il suo stesso ombrello, mentre una ragazza di 19 anni, Hong Jin-young, fu strangolata con le sue calze mentre tornava a casa dalla scuola. Il terrore si diffuse in tutta la regione, e la polizia era sempre più sotto pressione per trovare il colpevole.

Le indagini coinvolsero migliaia di persone. Furono raccolte oltre 570 campioni di DNA, impronte digitali e campioni di capelli, ma ogni pista sembrava condurre a un vicolo cieco. Si sparse persino la voce che l'assassino avesse un debole per le donne che indossavano abiti rossi nei giorni di pioggia. La polizia, nel tentativo di attirarlo, mandò agenti sotto copertura vestiti di rosso. Ma anche queste strategie non portarono risultati.

Nel 1989, un uomo di 22 anni, Yoon Sang-yeo, venne ingiustamente arrestato per uno degli omicidi. Passò 19 anni in prigione prima che, grazie alla confessione di Lee, venisse finalmente scagionato. Lee, ormai dietro le sbarre per l'omicidio della cognata, confessò non solo i 10 omicidi seriali, ma anche altri 4 e oltre 30 stupri e tentati stupri. Il suo racconto gelò il sangue degli investigatori. Con un tono monotono e privo di emozioni, descrisse come si era trasformato in un serial killer dopo il congedo dall'esercito nel 1986.

Lee non mostrò mai rimorso per i suoi crimini. Durante l'interrogatorio, spiegò semplicemente che commetteva omicidi e violenze sessuali per superare la noia e il senso di vuoto che provava. Le sue parole riflettevano un'anima priva di umanità, capace di vedere il dolore e la sofferenza degli altri come un semplice passatempo.

La polizia, il 15 novembre 2019, concluse ufficialmente che Lee era il responsabile di tutti e 10 gli omicidi seriali. Tuttavia, a causa della scadenza del termine per il perseguimento legale, Lee non fu mai processato per questi delitti. Continuò a scontare la sua condanna all'ergastolo per l'omicidio della cognata, ma il dolore che aveva inflitto a decine di famiglie rimaneva impunito.

Questa storia di orrore, che ha segnato un capitolo buio nella storia della Corea del Sud, è un monito su come l'oscurità possa nascondersi dietro l'apparenza di normalità. Lee Choon-Jae, il mostro di Hwaseong, ha lasciato una scia di dolore che non potrà mai essere cancellata.

34. Il Mostro di Henan

Yang Xinhai nacque il 29 luglio 1968 nel villaggio rurale di Zhangjia, nella provincia di Henan, Cina. Cresciuto in una famiglia poverissima, con sei fratelli e sorelle, Yang imparò fin da piccolo la durezza della vita. Suo padre, Yang Jungian, era un contadino che riusciva a malapena a mantenere la sua numerosa famiglia. Non c'erano soldi per una buona istruzione, e la casa era un luogo di continue liti. Yang Xinhai era introverso, timido e incapace di affrontare la realtà che lo circondava. Anche la semplice vista del sangue di un pollo macellato lo spaventava. L'unica cosa che lo calmava era il disegno.

A scuola, mentre gli altri bambini si godevano le vacanze e il tempo libero, Yang doveva lavorare nei campi o pascolare il bestiame per guadagnare qualche soldo per la famiglia. Fu proprio in quegli anni che iniziò a comprendere il valore del denaro, e la sua frustrazione per la povertà cominciò a crescere.

Un giorno, stanco della sua vita di miseria, Yang scappò di casa. La sua assenza non destò preoccupazione: la famiglia era così numerosa che nessuno si accorse della sua fuga. Yang iniziò a vagare di città in città, lavorando come minatore, cameriere, e facendo altri lavori occasionali, ma non trovava mai una stabilità economica. Veniva spesso sfruttato e non riceveva il salario promesso. La rabbia dentro di lui cresceva ogni giorno di più.

Il suo primo furto avvenne in un ristorante dove lavorava: rubò una pentola di alluminio dalla cucina. Quel piccolo furto gli fece capire quanto fosse facile prendere ciò che desiderava. Da quel momento, Yang Xinhai iniziò una carriera da ladro. Non solo, trovò anche una ragazza. Sembrava che la sua vita potesse finalmente avere un senso.

Nel 1988, però, fu arrestato per furto. All'epoca aveva 20 anni e fu condannato a tre anni di carcere. Durante la prigionia, seppe che la sua ragazza si era sposata con un altro uomo. Questa notizia lo devastò.

Quando uscì di prigione nel 1991, Yang non era più lo stesso. L'umiliazione e il dolore avevano trasformato la sua rabbia in qualcosa di molto più oscuro.

Nel 1996, tentò di violentare una donna di mezza età, ma il suo tentativo fallì. Nella lotta, la donna gli morse un pezzo di lingua, e Yang fu arrestato e condannato a cinque anni di carcere per tentato stupro. Uscì all'inizio del 2000, ma ormai era completamente spezzato, e da quel momento iniziò a commettere crimini ancora più efferati.

La sera del 19 settembre 2000, Yang Xinhai si introdusse nella casa di due anziani, Yang Pemin e Shan Lanning, nel villaggio di Guozhuang. Uccise entrambi a colpi di mattone, rubò del denaro e fuggì. Fu l'inizio della sua sanguinosa carriera di serial killer. Il 1° ottobre 2000, entrò nella casa di un altro villaggio e uccise un uomo di 63 anni e suo nipote di 12 anni. Dopo averli massacrati, violentò la bambina.

Yang si nascondeva nei boschi, sopravvivendo con il poco che riusciva a rubare dai campi. Nel corso di due anni, uccise brutalmente e violentò decine di persone. Il 15 agosto 2001, con un martello in mano, si introdusse nella casa di Qiu Yunxian, uccidendo lui, sua moglie e i loro due figli. Violentò i corpi delle due donne, rubò del denaro e scappò.

Gli omicidi continuarono a un ritmo allarmante. Ogni volta, la polizia si trovava davanti a scene di orrore indescrivibile: famiglie intere massacrate, donne violentate, case saccheggiate. Yang Xinhai era diventato un animale freddo e spietato, capace di uccidere senza battere ciglio. La sua furia omicida era inarrestabile. Il 27 gennaio 2002, entrò in una casa a Tongxu County e massacrò tre persone, violentando una donna di 32 anni.

La polizia iniziò a intensificare le ricerche. Gli omicidi di Yang avevano gettato nel panico le province di Henan, Shandong, Hebei e Anhui. I crimini erano così brutali che molti pensavano fosse opera di una banda, ma Yang agiva da solo, nascondendosi nei boschi e attaccando di notte. Quando le acque si calmavano, riemergeva per uccidere di nuovo.

Il 23 marzo 2003, uccise quattro persone in un villaggio di Minquan County. Tra le sue vittime c'era anche una bambina. Rubò tutto ciò che poteva e fuggì verso la provincia di Shandong. Qui, il 22 ottobre 2002, uccise cinque persone in un campo di verdure. Violentò due donne e lasciò una scia di sangue e terrore dietro di sé.

Le autorità cinesi erano ormai disperate. Il mostro che stavano cercando sembrava essere ovunque e da nessuna parte. Ma la sua fortuna finì il 3 novembre 2003. La polizia lo intercettò vicino alla stazione ferroviaria di Cangzhou. Quando vide gli agenti, tentò di scappare, ma fu catturato. Durante la perquisizione, gli trovarono un coltello e del denaro rubato.

In prigione, Yang Xinhai non mostrò alcun pentimento. Confessò i suoi crimini con freddezza, raccontando in dettaglio come avesse ucciso 67 persone e violentato 23 donne. La sua brutalità non aveva limiti. Disse ai poliziotti: "Non potete incolparmi di tutti i problemi del paese." Non tentò nemmeno di difendersi.

Il 1° febbraio 2004, il Tribunale Intermedio del Popolo di Luohe lo condannò a morte per i suoi numerosi crimini. Yang non presentò alcun ricorso. Tredici giorni dopo, il 14 febbraio 2004, fu giustiziato mediante fucilazione.

35. La Regina del Veleno

Giulia Tofana nacque a Palermo, in Sicilia, intorno al 1620. La sua vita sembrava destinata a seguire un sentiero oscuro fin dalla nascita, essendo figlia di Theophania de Amado, una donna che fu giustiziata nel 1633 per l'omicidio di suo marito. Giulia crebbe in un ambiente dove il veleno e la morte erano affari di famiglia. Sin da giovane, imparò i segreti dell'alchimia, una scienza che, sotto le mani della madre, si trasformava in un'arte mortale.

A quel tempo, il mondo era particolarmente crudele con le donne. In un periodo in cui non esistevano i diritti per le donne, molte erano intrappolate in matrimoni violenti e oppressivi. Non c'era nessuno che potesse ascoltare le loro grida o aiutarle a liberarsi dai mariti crudeli. In questo contesto, Giulia divenne un simbolo di speranza per molte di loro.

Giulia e sua madre si trasferirono da Palermo a Napoli, e poi a Roma, dove continuarono a perfezionare l'arte della morte silenziosa. Le loro armi non erano spade o pistole, ma piccoli flaconi di un veleno inodore, insapore e invisibile: l'Aqua Tofana. Questo veleno poteva essere mescolato facilmente a cibo o bevande senza destare il minimo sospetto. Bastavano poche gocce per causare una morte lenta, che sembrava essere il risultato di una malattia naturale. Vomito, febbre, e infine la morte. Nessun medico avrebbe mai sospettato un avvelenamento.

Giulia vendette l'Aqua Tofana alle donne disperate, che vedevano nel veleno l'unica via di fuga dai loro mariti violenti. La sua fama crebbe, e ben presto divenne la leader di un oscuro commercio che attraversava Roma, Napoli e Sicilia. Le sue clienti erano spesso donne ricche e potenti, ma anche umili popolane che volevano solo liberarsi dalle catene matrimoniali. E così, mentre le donne venivano liberate dai loro aguzzini, gli uomini morivano senza alcun sospetto. Per anni, Giulia si mosse come un'ombra, vendendo la morte senza essere mai scoperta.

Ma non era solo una venditrice di morte. Giulia sapeva come muoversi nel mondo oscuro della stregoneria e dell'occulto, e formò un'alleanza con figure potenti, inclusi alcuni membri del clero. A volte, l'Aqua Tofana veniva venduta come una crema di bellezza, in modo che le donne potessero tenerla sui loro tavoli da trucco senza destare alcun sospetto. Altre volte, veniva venduta in bottiglie con l'immagine di San Nicola, un santo venerato, convincendo la gente che si trattava di un olio miracoloso capace di curare ogni malattia.

La sua astuzia era tale che riusciva a muoversi nell'ombra, anche con la polizia romana che, ignara del commercio che si nascondeva dietro le morti misteriose, non sospettava di nulla. Ma, come spesso accade, il destino di Giulia Tofana cambiò con un errore umano. Un giorno, una cliente pentita, mentre stava per servire una zuppa avvelenata al marito, si fermò all'improvviso, preda dei rimorsi. Il marito, sospettando qualcosa, riuscì a farle confessare tutto. La donna raccontò che l'Aqua Tofana era stata acquistata da Giulia.

La notizia si diffuse rapidamente. Giulia, temendo per la sua vita, cercò rifugio in una chiesa, sperando di sfuggire alla giustizia. Ma il popolo, impaurito da voci che la sua rete di donne avesse persino avvelenato l'acqua di Roma, la circondò. Nonostante le sue alleanze potenti e l'appoggio della chiesa, fu arrestata e portata nel più grande centro religioso di Roma. Qui, sotto torture brutali, Giulia confessò. Disse di aver aiutato circa 600 donne a liberarsi dei loro mariti negli ultimi 25 anni.

Il numero di vittime fu scioccante. Le autorità non riuscirono a credere che una sola donna avesse orchestrato un tale massacro silenzioso. Alcuni credono che le sue confessioni fossero esagerate sotto tortura, ma non c'era dubbio che Giulia fosse una delle più grandi serial killer della storia.

Nel luglio del 1659, Giulia Tofana fu giustiziata insieme a sua figlia e a tre complici. Ma non tutte le donne coinvolte vennero punite. Alcune di loro dichiararono di aver usato l’Aqua Tofana solo come prodotto cosmetico, mentre altre furono gettate in prigione o, in alcuni casi, giustiziate. Tuttavia, molti dettagli della storia di Giulia rimasero avvolti nel mistero, con alcuni che sostengono che sia riuscita a fuggire prima della sua esecuzione, scomparendo per sempre.

Il segreto dell'Aqua Tofana morì con lei. Nessuno riuscì mai a scoprire la formula precisa di quel veleno letale, e Giulia Tofana divenne una figura leggendaria. Le sue azioni divisero l'opinione pubblica: per alcuni, era un mostro, una donna senza scrupoli che aveva ucciso centinaia di uomini. Per altri, era un'eroina, una liberatrice che aveva dato alle donne un potere che altrimenti non avrebbero mai avuto in una società dominata dagli uomini.

La sua storia rimane una delle più intriganti nella storia del crimine. Giulia Tofana non uccideva per rabbia o vendetta personale. Lei dava potere alle donne, trasformando l'ombra del veleno in uno strumento di emancipazione.

• • • •

• • • •

Milton Keynes UK
Ingram Content Group UK Ltd.
UKHW040256181024
449757UK00001B/54